ALAN AMES

Wie das Böse wirkt

Das Dekret der Kongregation für die Verbreitung des Glaubens, A.A.S. 58, 1186 (von Papst Paul VI. am 14.10.1966 approbiert) besagt, dass das Nihil Obstat und das Imprimatur nicht mehr für Veröffentlichungen von Privatoffenbarungen vorgeschrieben sind, vorausgesetzt, sie enthalten nichts, was gegen den Glauben und die Moral spricht. Der Herausgeber anerkennt, dass die letzte Entscheidung über die in diesem Buch beschriebenen Ereignisse beim Heiligen Stuhl in Rom liegt, dessen Urteil wir uns hiermit unterstellen.

◆ ◆ ◆

Bei diesem Buch handelt es sich um eine Übersetzung des englischen Originaltitels *Understanding Evil* von C. Alan Ames, erschienen bei Touch of Heaven, Wembley, Western Australia – www.alanames.org/de

◆ ◆ ◆

Dieses Buch ist meiner lieben Freundin Sr. Claude McNamara RSM aus Perth, Westaustralien, gewidmet, und Moritz Schneider aus Bayern, der mir das wahre Antlitz Christi gezeigt hat in seinem Leiden.

Satz und Druck: Miriam-Verlag
www.miriam-verlag.de
Printed in Germany
ISBN 978-3-87449-395-6

Inhalt

Einführung

Wir wissen alle, dass das Leben seine Höhen und Tiefen hat, seine guten und schlechten Tage, Licht und Schatten. So ist das Leben, und wir lernen aus unserer Reaktion auf das, was uns begegnet. Darum geht es im Leben, deshalb sind wir hier – und deshalb sandte der Vater Seinen Sohn Jesus. Er kam, um uns begreifen zu helfen, wie wir ein vollkommen menschliches Leben führen können. Er kam, um uns zu zeigen, was es bedeutet, vollkommen menschlich zu sein und wie wir in Seiner Liebe miteinander leben können, während wir uns auf das ewige Leben vorbereiten.

Wir betrachten Gott nicht mehr als jemanden, der im Himmel oben thront und Seinen niedrigen Geschöpfen auf der Erde unten Seine guten Gaben huldvoll zukommen lässt: So sieht das Alte Testament Gott. Jesus ist gekommen als „Gott mit uns", Emmanuel. Wir können uns heute auf Gottes liebevolle Gegenwart verlassen, die uns umgibt und einhüllt.

Wenn wir Menschen uns in der Welt umschauen, sehen wir zuerst all ihre Mängel. Wenn wir die Welt wie einen Garten betrachten, werden wir das Unkraut sehen, die ganz gewöhnlichen Gänseblümchen und hie und da verstreut ein paar schöne Rosensträucher. Wenn Gott sich im Garten der Menschen umschaut, sieht Er nur schöne Rosensträucher, trotz all unserer Unzulänglichkeiten. Gott sieht nur, was wir werden können; Er sieht unser Potenzial. Er möchte dieses Potenzial so lieben, dass es Wirklichkeit wird; das erfordert ein offenes Herz.

Und darin liegt oft das Problem: Wir verschließen

unsere Herzen vor dem göttlichen Leben, das bereits in uns ist. Das Leben spielt sich auf der größten aller Bühnen ab – der Welt. Doch Gott lehnt sich nicht zurück wie ein desinteressierter Zuschauer oder gar wie ein göttlicher Puppenspieler, der das Gute und Böse in uns bewirkt. Vielmehr sehnt sich Gott so sehr danach, Teil unseres Lebens zu sein – der guten und schlechten Zeiten – mit Seiner stärkenden, heilenden und vergebenden Macht. Er ist nicht weit weg; Er ist der Heilige Geist, der weht, wo Er will. Wir müssen das Fenster öffnen und den Geist hereinlassen.

Stellen Sie sich vor, wie barmherzig, liebevoll, verzeihend und großzügig Sie jemals sein könnten; und erkennen Sie dann, dass Gott es unendlich viel mehr ist. Es ist überflüssig zu sagen: „Gott liebt mich." Es ist so, wie wenn man sagen würde: „Die Sonne ist hell und warm", oder: „Das Wasser ist nass." Es ist so und kann gar nicht anders sein. Gott kann nicht anders als lieben; *Liebe zu sein*, auf ewig. Er lädt uns ein, in diese Liebe hineinzukommen. Nehmen wir diese wundervolle Einladung an!

In diesem Buch erklärt der Himmel, wie die Menschen in der Liebe Gottes das Böse überwinden können, das die Welt und unser Leben durchdringt, das Böse, das beständig darauf hin wirkt, die Menschen davon abzuhalten, ihr volles Potenzial in Gott zu erlangen. Der Himmel leitet die Menschen an, wie sie ihre Herzen öffnen können, so dass sie die Einladung Gottes wirklich annehmen und die Rosensträucher der Liebe Gottes sein können, damit die Welt zum Garten der Gnade wird, zu dem der Schöpfer sie bestimmt hat.

Pfr. Richard Rutkauskas
Perth, Westaustralien, im August 2013

Vorwort

In diesem Buch offenbart der Himmel den Menschen, wo die Menschen in die Irre gehen und wie die Menschen durch das Kreuz Christi alles Böse überwinden und in der Liebe Gottes den Sieg davontragen können. Seit es Menschen gibt, haben der Böse und seine Gefolgschaft versucht, die Menschen von Gott wegzuziehen. Bei Adam und Eva ist es dem Bösen gelungen. Und er wirkt weiterhin erfolgreich bei Menschen mit der gleichen Schwäche – dem Stolz. Seit der Böse Adam und Eva verführt hat, verführte der Böse die Menschen. Seit Kain aus Eifersucht Abel tötete, töten sich die Menschen gegenseitig und sind eifersüchtig aufeinander.

Von Anfang an sagte Gott den Menschen: Wenn ihr nach Meinem Weg lebt, werdet ihr glücklich sein und Frieden haben. Leider war es die allgemeine Reaktion der Menschen, Gott zu ignorieren und nach dem Weg der Welt zu leben, der voller Täuschungen und Fallstricke des Bösen ist. Der Mensch scheint nicht aus seiner Geschichte des Leidens und Schmerzes zu lernen und wiederholt denselben Fehler immer wieder. Er zieht das weltliche Leben dem himmlischen Leben vor, das zu leben wir alle berufen sind. Deshalb leiden die Menschen weiterhin.

Es mutet sehr töricht an abzulehnen, was gut für die Menschen ist, und anzunehmen, was schlecht für sie ist; doch im Allgemeinen handelt der Mensch genau so. Natürlich gibt es viele, die versuchen, so zu leben, wie Gott es wünscht, doch so viele lassen zu, dass eine weltliche Haltung ihr Leben beeinflusst. Dadurch leben sie nur eine schwache oder verwässerte Version des Lebens, zu dem Gott die Menschen eigentlich beruft. Manchmal fällt es einigen Menschen viel leichter anzunehmen, was die Welt sagt, statt sich dem entgegenzustellen. Wenn so viele in der Art des Bösen leben, werden sie oft zur Norm, die sogar Einlass in das Leben so mancher Gläubigen findet. Dadurch wird das Böse zu einem Teil des Lebens.

Häufig äußern Menschen, sie seien darüber erstaunt, warum Gott all das Leiden in der Welt weiter zulasse. Sie sind blind für die Tatsache, dass die Menschen das Leiden verursachen, nicht Gott. Sie erkennen nicht, dass wir uns ändern und nach dem Willen Gottes leben müssen; dass wir uns umeinander kümmern und miteinander teilen müssen, wenn wir wollen, dass das Leiden ein Ende hat. Wenn die Welt das Böse ablehnt, wird das Leiden enden, da Gottes himmlisches Reich auf Erden herrschen wird. In Seinem Reich gibt es kein Leid, keinen Schmerz, keine Verletzung. Von Anfang an erklärte Gott, wie wir glücklich, ganzheitlich und gesund leben können, doch die Menschen wollen nicht auf Ihn hören, und so leiden wir.

Die Menschen lehnen Gott immer wieder ab und akzeptieren das Böse. Wenn der Mensch immer wieder dasselbe tut und dabei ein anderes Resultat erwartet, dann ist der Mensch wirklich töricht. Um ein anderes Resultat zu erzielen, gibt es nur einen Weg: anders zu leben, nach dem Weg Gottes.

Es scheint, dass der Mensch weiterhin einem Weg folgen will, der übersät ist von Kriegen, Hungersnöten, Pest und Katastrophen, ohne zu erkennen, dass dieser Pfad nur noch mehr von alledem bereithält. Der Mensch geht den Weg der Selbstzerstörung und hat schnell Ausreden dafür bereit, und sofort gibt er Gott die Schuld, wenn etwas schiefgeht.

Manchmal werden Wissenschaft und Vernunft verdreht, um etwas, das offensichtlich nicht wahr ist, wahr erscheinen zu lassen. Dadurch wird verhindert, dass Wissenschaft und Vernunft ihr volles Potenzial erreichen, da sie zeitweise nicht mehr sind als Waffen, die der Böse benutzt, um die Menschen zu verletzen und zu verwirren: Durch das Modifizieren und Eingreifen in die Empfängnis, die Manipulation des Lebens, die Verwendung abgetriebener Babies für Experimente und Therapien, die Entwicklung von tödlichen Waffen, die Zerstörung der Umwelt, durch den Missbrauch von Tieren, die Entwicklung einer Unterhaltungstechnologie voller Gewalt und Unmoral und vielem, vielem mehr.

Erst wenn die Wissenschaft die Existenz Gottes akzeptiert und Seine moralische Wahrheit in die Wissenschaft einfließen lässt, wird es ihr möglich sein, dem Menschen den vollen Nutzen zu bringen, weil die Wissenschaft für sich allein nie die Fülle erreichen kann.

In dieser verwirrten und törichten Welt, in der wir leben, gibt es viele, die meinen, etwas nicht glauben zu müssen, solange man es nicht erklären oder beweisen könne. Viele Wissenschaftler scheinen zu denken, dass etwas nur dann wahr sein kann, wenn es in ihr Verständnis, zu ihren Theorien oder Erwartungen passt. Welch ein Stolz ist das! Diesen Stolz manipuliert der Böse so gut, dass er damit den Unglauben schürt. Der Atheismus wird zum Weg einiger Wissenschaftler, die sodann durch falsche Argumente versuchen, viele in ihren Unglauben hineinzuziehen. Wie lacht der Böse darüber!

Nur weil jemand einen Titel vor seinem Namen stehen hat, oder Buchstaben dahinter, oder weil jemand eine gute Ausbildung absolviert hat, bedeutet das nicht, dass diese Person weise ist. In Wirklichkeit sind einige der intelligentesten Menschen die am wenigsten weisen Menschen der Welt. Bei einer TV-Debatte hörte ich, wie ein prominenter Wissenschafter und Atheist erklärte, dass nichts wirklich etwas sei. Das ist tatsächlich töricht!

Doch aufgrund ihres Ansehens, ihrer geschliffenen Worte, der scheinbar plausiblen Argumente hört man ihnen zu und glaubt, was sie sagen. Die Medien verleihen ihnen eine Art von Glaubwürdigkeit, indem ihre Worte oft als Fakten zitiert werden. Ein Beispiel dafür ist Darwins „Evolutionstheorie". Der Titel besagt, dass es eine Theorie ist, doch die Menschen verwenden diese als eine Tatsache. Auf dieser Grundlage werden Fernsehprogramme erstellt. Wenn es eine Tatsache ist, sollte man es dann nicht Darwins „bewiesene Evolutions-Fakten" nennen? Doch Theorie ist kein Beweis, daher kann man es nicht so nennen. Trotzdem wird sie von vielen als bewiesen und wahr deklariert. Selbst im Unterricht wird sie als eine Tatsache hingestellt, nicht als Theorie.

Der Böse nutzt jedes mögliche Mittel, den Menschen von Gott wegzubringen und in die Finsternis zu ziehen. Der Böse will den Menschen möglichst oft und tief verletzen, und eines seiner Mittel besteht in der Zerstörung von Familien. Durch das Zerbrechen der Familien wird die Gesellschaft geschwächt und gebrochen, so dass unter den Menschen der Hass wächst. Ohne eine stabile Gesellschaft beginnt Verwirrung im Leben zu herrschen, und die Gesellschaft öffnet sich für das, was offensichtlich falsch und sündig ist. Die Gesellschaft fördert sogar das Falsche und macht es manchmal zum Gesetz, als ob es ein „Recht des Menschen“ sei, obwohl es in Wirklichkeit ein Unrecht ist. Die Sittenlosigkeit nimmt überhand, Gier und Selbstsucht werden oft gefördert, das Leben wird nach Lust und Laune entwertet und zerstört, unschuldige Babies werden getötet, weil es das sogenannte Recht der Mutter sei, ein Kind zu vernichten, wenn sie es nicht haben will.

Viele empfehlen illegale Drogen als etwas, das Spaß macht, als ein Vergnügen, das alle haben sollen können. Das Leiden, das durch Drogen in das Leben so vieler Menschen gebracht wird (nicht nur derjenigen, die sie konsumieren), wird nicht beachtet.

Die Familien sollten die Bausteine der Gesellschaft sein, doch wenn diese Steine zerbrechen oder entfernt werden, fällt die Gesellschaft auseinander. Das geschieht heute, und deshalb versinkt die Welt immer tiefer in die Verwirrung und Unsicherheit der Finsternis. Oft scheinen Regierungen willige Diener des Bösen zu sein auf diesem Marsch hin zur Zerstörung von Moral und wahren Werten. Regierungen und ihre Rechtsordnung hören mehr auf Minderheiten, die Böses fördern, als auf die Mehrheit, wenn sie sich dem entgegenstellt. Ein Beispiel dafür ist Kalifornien, wo die Mehrheit gegen die sogenannte „Homo-Ehe“ war, doch ihr Wille wurde vom Rechtssystem ignoriert. Soviel zum Thema Demokratie.

Wenn man auf die Welt schaut und sieht, wie das Böse überhand nimmt, könnte man leicht verzweifeln, doch die Menschen sollten sich daran erinnern, dass die Menschheit durch unseren Herrn Jesus Christus von dem Bösen erlöst wurde. Der Erlöser der Menschheit hat das Böse besiegt. Alles, was die Menschen noch tun müssen, ist, den Sieg unseres Herrn anzunehmen. Alles, was die Menschen noch tun müssen, ist, nach dem Weg des Erlösers zu leben, so gut man es kann. Alles, was die Menschen noch tun müssen, ist, am Kreuz des Herrn festzuhalten und geborgen zu sein in Seinem göttlichen Sieg.

Dadurch kann jeder Mensch durch die Gnade Gottes das Böse in seinem Leben überwinden und besiegen. Der Herr Jesus streckt in Liebe die Hand aus und zeigt den Menschen, dass in Seinem durchbohrten Herzen der Liebe alle Kraft, Macht und Gnade ist, die man braucht, um Teil Seines göttlichen Sieges zu sein. Wenn die Menschen eine weise Wahl treffen und den siegreichen König Jesus Christus als Herrn und Meister willkommen heißen, werden sie erleben, dass die Welt noch einmal zu dem Paradies wird, das zu sein sie erschaffen wurde: das Paradies der Liebe Gottes, in dem Liebe, Frieden und Freude herrschen.

Jetzt ist die Zeit für die Menschheit, den rechten Weg zu gehen und nicht mehr dem Weg ihrer Geschichte voller Leiden und Schmerz zu folgen. Jetzt ist die Zeit für die Menschheit, eine neue Geschichte wahren Glücks in unserem Herrn Jesus hervorzubringen. Es ist möglich! Es steht der Menschheit offen.

Der Sieg wird der Menschheit zufallen, wenn sie sich dafür entscheidet, Teil des Sieges über den Bösen zu sein, nicht die besiegten Opfer des Bösen. Das Angebot von Seiten Gottes steht, es hat immer bestanden. Das Angebot Gottes ist ewig und herrlich; es kann gewiss nur von den Törichten abgelehnt werden, die darauf aus sind, weiter zu leiden. Die Welt und die Menschen in ihr sind zur Herrlichkeit berufen! Es ist Zeit, dass wir wahrhaftig antworten auf diesen Ruf in und durch Jesus Christus, unseren Herrn und liebenden Meister, der alle liebt und wünscht, dass alle auf ewig in Seiner göttlichen Liebe leben.

Gottes Segen!

Alan Ames

Wie das Böse wirkt

Taten

Gott Vater
Alle Taten der Liebe haben ihren Lohn,
so wie auch alle Taten des Bösen ihren Preis fordern.

Es gibt so viel zu tun für Gott, und viele sind berufen, es zu tun. Es gibt viel zu tun für Gott, doch nur wenige sind bereit, Seinen Ruf wirklich anzunehmen. Es gibt viel zu tun für Gott, und diejenigen, die es bewerkstelligen, müssen sich zusammentun, um einander zu helfen und zu unterstützen in einem Kampf der Liebe gegen das Böse.

Jakobus 4,11 – *Verleumdet einander nicht, Brüder!*

Engel

Gott Vater
Die Erzengel sind erfüllt von Meiner Macht, um sich dem Bösen entgegenzustellen; sie sind erfüllt von Meiner Liebe, um sich dem Hass entgegenzustellen. Die Erzengel sind Zeichen Meiner mächtigen Liebe.

Psalm 103,20 – *... Seine Engel, (...) die Seine Befehle vollstrecken, Seinen Worten gehorsam!*

Jesus
Vergiss nicht, dass es mehr gute Engel und gute Seelen gibt als böse.

Hl. Erzengel Raphael
Es gibt einen Engel Gottes, der jeden Menschen auf dem Lebensweg begleitet und versucht, diesen Menschen auf seiner Reise zu führen und zu beschützen.
Es gibt einen Engel Gottes, der jeden Menschen auf dem Lebensweg begleitet und sich dem Bösen entgegenstellt, das bei jeder Gelegenheit angreift.
Es gibt einen Engel Gottes, der jeden Menschen auf dem Lebensweg begleitet und darauf wartet, dass der Mensch sich in Gottes Liebe mit ihm vereint, so dass sie gemeinsam und freudig im Frieden Gottes gehen können, ohne Böses zu fürchten, und dass sie allen, denen sie begegnen, nötigenfalls eine leitende Hand anbieten.

Richter 2,4 – *Der Engel des Herrn.*

Hl. Erzengel Michael
Die Engel Gottes warten geduldig darauf, dass die Menschen auf Erden im Kampf gegen das Böse ihre Hilfe erbitten. Jeder gute Engel sehnt sich danach, Gott und dem Menschen zu dienen in dem Kampf um Seelen, in dem Wissen, dass der Sieg durch Gottes Gnade sicher ist.

Die Engel des Herrn wachen über jeden Menschen und halten das Böse fern. Leider lassen viele Menschen das Böse ein, indem sie sündigen und ihre Engel wegstoßen.

Es ist der Wille Gottes, dass allen Menschen die Möglichkeit gegeben wird, vor dem Bösen gerettet zu werden. Wenn die Menschen diese Wahrheit akzeptieren und diese Möglichkeit annehmen, werden sie es vermeiden, in die Hände des Bösen zu fallen und ebenso töricht zu sein, wie manche der Engel es waren.

Angriffe des Bösen

Gott Vater
In den Sakramenten wirst du die Gnade finden, die du brauchst, um die Angriffe des Bösen zu überwinden.

Jesus
Alle, die Mich lieben und Mir dienen, werden sich heftigem Widerstand gegenübersehen, das ist zu erwarten. Sei also nicht überrascht, wenn der Böse angreift.

In einem wirklich heiligen Leben führen alle Angriffe des Bösen den Menschen näher zu Mir hin, nicht von Mir weg.

Es gibt einen beständigen Kampf um Seelen zwischen Gut und Böse. Es ist ein Kampf, den das Böse nur gewinnen kann, wenn ein Mensch in seinem Erdenleben statt dem Guten das Böse akzeptiert.

Obwohl das Böse den Leib derjenigen, die Mich lieben, zerstören mag, kann es die Seele derer nicht zerstören, die an Meiner Liebe festhalten.

Auch wenn du in Meiner Gegenwart bist, erwarte nicht, dass das Böse dich in Ruhe lässt. Gerade in jenen Momenten bemüht sich das Böse besonders, dich abzulenken.
Nichts, was das Böse tun kann, kann jemanden aufhalten, der Mich wirklich liebt und sich wirklich dafür einsetzt, Meinen Willen zu tun.

Hl. Paulus
Als ich die Welt bereiste, um die Liebe Jesu, des Herrn, bekanntzumachen, sah ich mich vielen Prüfungen und Drangsalen ausgesetzt, doch jede wurde durch Gottes Gnade überwunden. So wird es allen ergehen, die sich bemühen, die Liebe Gottes zu verbreiten, da das Böse sein Möglichstes tun wird, sie aufzuhalten. Wenn sie aber auf Gott vertrauen, wird Er ihnen die Gnade schenken, die sie brauchen, so wie Er sie mir schenkte.

Das Böse versucht durch Drohungen, Gewalt, Spott und Beschimpfung jene aufzuhalten, die sich ihm widersetzen; sei also nicht überrascht, wenn es dir so ergeht.

Bittere Frucht

Jesus
Die Welt wird den Menschen alles nehmen, was sie nur nehmen kann, und ihnen dafür wenig an wahrem Wert zurückgeben, weil das Böse die Welt im Griff hat; und diese Tatsache ist eine bittere Furcht des Bösen.

Geblendet vom Bösen

Gott Vater
Das Böse blendet die Menschen mithilfe ihres Stolzes und ihrer Schwächen, so dass selbst das schlimmste Unrecht als ein Recht akzeptiert wird.

Es sollte der Wunsch aller Menschen sein, nach dem ewigen Leben im Himmel zu trachten. Doch weil so viele vom Bösen geblendet wurden, trachten sie nur danach, im Leben auf Erden alles zu haben.

Jesus
Das Böse verdirbt die Welt, und in ihrer Blindheit des Stolzes und der Selbstbezogenheit sehen viele dies nicht.

Wo Gier ist,
dort ist das Böse.

Wenn das Böse in ein Leben tritt, macht es die Menschen oft blind für die Wahrheit und bewirkt, dass sie in ihren Sünden kein Unrecht erkennen. Am Tag des Gerichts jedoch wird das Unrecht deutlich erkannt und bedauert werden, für manche aber wird die Reue über die Sünde zu spät kommen. Darum ist es wichtig, dass die, die Mir nachfolgen, die Sünde meiden und anderen helfen, dasselbe zu tun, damit in diesem Leben auf Erden bedauert

und bereut wird und die Sünden kein ewiges Leiden im nächsten Leben verursachen.
Das Böse versucht auf vielerlei Weise, die Menschen in sein Sündennetz hineinzulocken, doch all seine Strategien haben eines gemein: Sie alle führen zum selben Ende, zum ewigen Leiden in der Hölle. Dies gilt selbst für die Wege, die wenig Unrecht oder Sündiges zu beinhalten scheinen, denn diese Wege sind dazu gemacht, die Törichten in immer größeres Unrecht zu führen oder dazu, immer mehr Sünde zu akzeptieren. Bis die Menschen eines Tages blind sind für das, was unrecht und was böse ist, so dass sie nicht mehr zwischen Richtig und Falsch unterscheiden können. In dieser Blindheit ist es dann leichter, in den Abgrund der Finsternis gestoßen zu werden, wo sie stolpern und in die Grube der Hölle fallen, in der ewiges Leiden auf sie wartet.

Die ganze Geschichte der Menschheit hindurch wurde der Mensch vom Bösen geblendet, und heute ist es genauso. Diese Blindheit hat großes Leiden verursacht und wird dies weiterhin tun, bis die Menschheit in Mir den Weg erkennt, den sie leben soll, und danach lebt.

Das Böse nimmt so vielen das Gewissen,
so dass sie Unrecht
nicht mehr für Unrecht halten.

Das Böse führt die Menschen dazu, törichte Dinge zu tun, und macht sie blind dafür, damit sie den Schwachsinn nicht erkennen, den sie umarmen. Währenddessen lacht der Böse über die Leichtigkeit, mit der er die Menschen manipulieren und sie ins Dunkle führen kann, wo das Böse den Seelen Leiden bringt.

Hl. Klara
Wie können die Wohlhabenden die Armen ansehen, ihre Misere ignorieren und so wenig tun, um zu helfen? Sie können sich so verhalten, weil das Böse viele Wohlhabende in die Selbstsucht gezogen und durch den Stolz blind gemacht hat.

Weihnachten

Jesus
Himmel und Erde sind vereint in Mir, Gott und Mensch in Meiner Gottheit. Das Böse auf ewig besiegt, da Ich der Menschheit die Himmelstür öffnete. Alles, was die Menschen nun tun müssen, ist in Demut zu Mir zu kommen. Dann werden sie dort willkommen geheißen, wo Ich auf ewig wohne, um im Himmel oben die Herrlichkeit Meiner ewigen Liebe zu genießen.

Hl. Erzengel Gabriel am Weihnachtstag
Verkünde der Welt, dass der Erlöser gekommen ist und dass Er niemanden abweisen wird. Verkünde der Welt, dass der Himmel ihnen gehören kann, wenn sie das Böse ablehnen und akzeptieren, dass sie durch Jesus die Erben Gottes sind. Verkünde der Welt, dass der Herr der Liebe auf die Welt herabgekommen ist. Verkünde der Welt

diese Frohe Botschaft und wisse, dass du so zur Heiligkeit gelangen wirst.

Kompromisse

Jesus
Es ist gut, zu Kompromissen fähig zu sein, um das zu erlangen, was richtig ist, doch nie darf man mit dem Bösen oder der Sünde Kompromisse schließen.
Stimme der Sünde unter keinen Umständen zu, denn wenn du das tust, lädst du den Bösen in dein Leben ein.
Weise ist, wer das Böse zu aller Zeit ablehnt.

Mutter Maria
Es ist unmöglich, vernünftig mit dem Bösen zu reden, denn der Böse hat nichts anderes in seinem Herzen als Betrug, Hass und Sünde.

Verwirrt

Jesus
Die Welt ist ein Ort der Verwirrung,
weil so viele die Wege des Bösen annehmen
statt Meinen Weg der Liebe.

Es gibt viele verwirrte Menschen im Griff des Bösen. Wenn die, die Mich lieben, nicht Meine heilende Liebe zu diesen Menschen bringen, werden viele verwirrt bleiben.

Hosea 7,3 – *In ihrer Schlechtigkeit.*

Das Böse verdreht das Denken vieler, so dass Dinge, die offensichtlich falsch sind, nicht mehr falsch zu sein scheinen.

Das Böse infiziert die Welt und verwirrt und blendet durch diese Infektion die Menschen für die Wahrheit, so dass Unrecht oft richtig und das Rechte wie Unrecht erscheint.

Das Böse hat keine Klarheit, sei also nicht überrascht, wenn diejenigen, die Böses annehmen oder vom Bösen benutzt werden, verwirrt sind.

Durch die Verwirrung, die das Böse ins Leben bringt, wird Meine Wahrheit nicht berührt. Sie ist einfach da und wartet auf alle, um die Klarheit Meiner Liebe in das Leben aller zu bringen. Dazu braucht es nur eine aufrichtige Einladung der Menschen an Mich, und in wahrer Liebe werde Ich darauf antworten.

Wenn Verwirrung herrscht, ist der Böse nahe. Wenn Unsicherheit sich ausbreitet, ist der Böse am Werk. Wenn Zweifel aufkommen, gelingt es dem Bösen, viele zu verwirren und sie hinsichtlich der Wahrheit zu verunsichern.

Hl. Erzengel Michael
Der Böse versucht zu verwirren. Der Böse versucht Zweifel hervorzubringen. Der Böse versucht, das zu verschleiern, was den Menschen von Gott geschenkt wurde. Nimm dich also immer in Acht, indem du dich auf Gott ausrichtest, auf Seine Liebe zu den Menschen und auf die

Liebe, die Er den Menschen in den Sakramenten schenkt. Dann wird es dem Bösen viel schwerer fallen, Erfolg zu haben.

Verderben

Jesus

Wo immer das Böse ist, bringt es Verderben. Ein Blick in die Geschichte der Menschheit zeigt dies immer wieder deutlich.

Mutter Maria

Die Verderbtheit des Bösen in der Welt berührt jeden Einzelnen, doch deren Auswirkungen können von jedem Menschen eingedämmt werden, wenn man ablehnt, was Unrecht ist, und das Recht meines Sohnes Jesus annimmt.

Jesus

Der Böse scheint manchmal Gutes zu tun, doch nur, um seine wahren Absichten und Taten zu verschleiern. Vom Bösen kommt nichts, was dauerhaft und wahrhaft gut ist.

Es gibt diejenigen, die die Wahrheit selbst dann nicht glauben, wenn sie ihnen gezeigt wird, und die es vorziehen, an Täuschung und das Böse zu glauben.

Es sollte nicht überraschen, dass alles Böse verwirrend ist, weil im Bösen nichts klar ist, da alles in der Täuschung verborgen ist.

Ganz gleich, wie es erscheinen mag:
Böses kann nie wahre und dauerhafte Freude bringen.

Außer Meinem Heiligen Geist ist jeder andere Geist, der angerufen wird, ein Geist der Täuschung und des Bösen, der Verwirrung und Leiden in das Leben bringt, nicht Heilung.

Gott Vater
Dem Bösen zu vertrauen, ist töricht, da der Böse immer täuscht und immer danach trachtet, die Menschen zu verletzen.

Der Böse gebraucht, was anziehend erscheint, um sein Unrecht voranzutreiben, um dadurch so viele wie möglich zu verführen und zu beeinflussen.

Die Täuschung ist eine Waffe des Bösen,
darum lass dich unter keinen Umständen je darauf ein!

Der Böse manipuliert die Wahrheit,
wie es ihm passt.

Wie wahr ist der Lohn des Himmels, der jene erwartet, die in Meiner Liebe gelebt haben! Wie trügerisch ist der Lohn des Bösen, der jene erwartet, die in ihrem Leben die Sünde geliebt haben!

Jesaja 40,10 – *Er bringt seinen Siegespreis mit.*

Mutter Maria
Leider sind Lug und Trug in der Welt von heute so alltäglich, dass es manchmal schwer ist, die Wahrheit zu finden, und dadurch fällt es dem Bösen leichter, Seelen in die ewige Finsternis mitzunehmen.

Besiegt

Jesus
In Mir ist der Sieg über das Böse, doch so viele derer, die Mir nachfolgen, verhalten sich, wie wenn sie die Besiegten wären.

Kolosser 1,13 – *Er hat uns der Macht der Finsternis entrissen.*

Der Böse versucht immer, die Liebe zu unterdrücken, weil er wahre Liebe hasst und weiß, dass er in wahrer Liebe besiegt wurde.

Das Böse muss mit wahrer Liebe konfrontiert werden, denn nur in wahrer Liebe wird das Böse besiegt. *Ich Bin* die wahre Liebe, und in Mir ist der Sieg über das Böse.

Das Böse ist besiegt, doch leider lassen es viele durch ihr unmoralisches Leben fortbestehen und in der Welt gedeihen.

Das Böse ist besiegt. Zweifle nie an Meinem Sieg, selbst wenn es scheint, das Böse habe gewonnen, da dies nur eine Täuschung des Bösen ist.

Mutter Maria
Das Böse ist immer am Werk, doch im Leben derer, die meinen Sohn Jesus lieben, ist das Böse immer besiegt.

Gott ablehnen

Hl. Jakobus der Jüngere
Gottes Liebe kann weder vom Bösen noch von Menschen zerstört werden. Sie kann nur abgelehnt werden, und diese Ablehnung kostet alle Betreffenden sehr viel, seien es Engel oder Menschen.

Das Gute ablehnen

Jesus
Alle Menschen haben Gutes in sich, einige jedoch lehnen dieses Gute ab und nehmen stattdessen das Böse in ihr Leben auf.

Der Böse wird mit seiner Schlechtigkeit fortfahren, solange die Menschheit es ihm erlaubt, indem sie die Sünde akzeptiert und tut, was falsch ist.

Gott Vater
Ich erschuf alles in Liebe, und in Meiner Liebe wird die Schöpfung zusammengehalten. Daher versucht der Böse, die Liebe zu zerstören, denn dadurch hofft er, alles, was Ich erschaffen habe, auseinanderzureißen und zu zerstören.

Der Böse wird unentwegt danach trachten, die Menschheit zu zerstören, und Ich werde die Menschheit stets vor dem Bösen beschützen. Die Menschheit aber muss sich auch schützen, indem sie Meine Liebe und Meine Hilfe annimmt.

Jesus
Das Böse versucht die Menschheit zu zerstören, und in ihrem törichten Akzeptieren der Sünde hilft sie dem Bösen bei seiner Aufgabe.

Das Böse macht sich lustig über das, was gut ist, weil es Gutes hasst und es daher herabzusetzen oder zu zerstören sucht, wozu es sich des Hohns und der Falschheit bedient.

Die Gier ist ein Krebsgeschwür des Bösen,
das nicht nur Leben zerstört,
sondern auch Seelen.

Mutter Maria
Der Böse hat das Verlangen, die Menschen zu vernichten, und hat dieses Bestreben im Verlauf der Geschichte deutlich gezeigt. Die Menschheit aber ignoriert diese Wahrheit törichterweise und hält weiterhin an den Täuschungen dessen fest, der ihre Vernichtung wünscht.

Das Böse vernichtet, doch viele nehmen es bereitwillig an. Gott heilt und liebt, doch viele lehnen Ihn ab. Wahre Torheit!

Ablenkungen

Hl. Teresa von Avila

Das Böse wird versuchen, dich abzulenken, doch wenn du um die Gnade bittest, das Böse zu ignorieren und darüber hinauszublicken, wird Gott dir diese Gnade schenken.

Wer versucht, Gott näherzukommen, wird dabei auf viele Ablenkungen stoßen. Am Anfang der Reise mag es erscheinen, dass viele Hürden den Weg versperren, doch mit Glauben und im Vertrauen auf Gott können sie überwunden werden. Aber damit ist es noch nicht getan.

Denn wenn dein Geist in der Liebe Gottes zu wachsen beginnt, werden auch die Tricks zunehmen, mit denen Satan dich ablenken will. Wenn er dich nicht ängstigen kann, wird er es mit Verführung versuchen. Wenn das nicht funktioniert, mit Stolz. Wenn das nicht geht, mit Reichtum und Ruhm. Wenn das nicht klappt, durch die Familie und Freunde. Wenn das keinen Erfolg hat, wird er dich während der spirituellen Momente beschimpfen, damit du dich schwach, unwürdig und ungeliebt fühlst.

Zeitweise wird der Böse eine Kombination all dessen anwenden. Dann, wenn er keinen Erfolg hat, lässt er dich in Ruhe, damit du anfängst zu glauben, du hättest ihn besiegt. Wenn du in diese Falle gehst, dann greift der Böse zu subtilen Techniken, um dich glauben zu machen, wie gut du seist, ihn geschlagen zu haben. Auf viele andere Weisen wird er deinem Ego schmeicheln, damit du mehr an dich denkst als an Gott.

Es ist sehr wichtig, dass alle Menschen sich vor der List des Bösen hüten und verstehen, dass der Böse nie aufgibt. Hast du dies einmal erkannt, wirst du auch einsehen, dass du aus dir selbst heraus nicht die Kraft hast, dem Bösen zu widerstehen, doch dass der Böse, wenn du in Gott bist, keine Kraft hat, sich gegen dich zu behaupten.

Wenn du dies erkennst, wird der Weg, den du gehst, deutlicher, und die Spiritualität, die du suchst, wird tiefer. Der Kampf aber wird heftiger werden, und die Angriffe werden nicht aufhören. Denke also immer daran, dich in die Hände Gottes zu legen in dem Wissen, dass du dort geborgen bist und dass in Ihm der Sieg gewiss ist.

Römer 8,26 – *Der Geist (nimmt sich) unserer Schwachheit an.*

Drogen

Gott Vater
Suchtmittel sind Instrumente, die der Böse dazu benutzt, die Menschen in die Finsternis zu ziehen und ihr Leben zu zerstören.

Suchtmittel um des Vergnügens willen zu legalisieren, bedeutet nicht, dass es richtig ist, diese Instrumente des Bösen zu benutzen; es gibt dem Bösen nur eine größere Akzeptanz von Seiten der Gesellschaft.

Ostern

Jesus
Der Sieg ist vollkommen, und der Böse weiß, dass er überwunden ist. Die Tore des Himmels stehen weit offen, und

alle, die Mich lieben, sind dort willkommen. Das ewige Leben in Meiner herrlichen Liebe erwartet alle, die durch Mich durch die himmlischen Tore eintreten.

In Meinem Tod und Meiner Auferstehung wurde die Niederlage des Bösen vollkommen. Leider aber verlangen viele danach, in jener Niederlage zu leben, ohne sich bewusst zu sein, was es sie in Ewigkeit kosten wird: nämlich den höchsten Preis, den jemand dafür zahlen könnte, und das ist die eigene Seele.

Dadurch, dass Ich das Böse besiegte, bekam jeder Mensch die Möglichkeit, an Meinem Sieg teilzuhaben, wenn er dies wünscht. Man muss sich nur wirklich dafür entscheiden, in Mir an dem Sieg teilzuhaben.

Einzig diejenigen werden abgewiesen, die Meinen göttlichen und siegreichen Ostertag ablehnen, und diejenigen, die bereitwillig den Bösen annehmen und Mich, Gottes einzigen Sohn, ablehnen.

Der Böse wird durch törichte Menschen weiterhin versuchen, Meine Auferstehung und Meine Gottheit zu leugnen. Sei also nicht überrascht über die häufigen Angriffe auf Mich und auf deinen Glauben an Mich. Anstatt darüber besorgt zu sein, geh hinaus und verkündige allen mit Festigkeit die Wahrheit Meiner Auferstehung, Meine Gottheit und Meinen ewigen, liebenden Sieg über das Böse.

Mutter Maria
Mein Sohn Jesus ist von den Toten auferstanden, hat den Bösen besiegt und die Schöpfung in die Liebe Gottes zurückgebracht, und Er hat die Tür zum Himmel allen Menschen, die ihn wirklich wollen und suchen, geöffnet.

Hl. Apostel Petrus am Ostersonntag
Feiert heute freudig den Sieg des Herrn!
Feiert heute freudig, dass der Herr das Böse besiegt hat!
Feiert heute freudig die unsterbliche Liebe des Herrn, welche das Böse besiegte und allen, die glauben, die Möglichkeit schenkt, Teil Seines Sieges zu sein.

Psalm 97,1 – *Die Erde frohlocke.*

Imperium

Jesus
Das römische Imperium konnte sich nicht gegen Meine Liebe durchsetzen, es kam vor ihr zu Fall, da Meine Erwählten in Meiner Liebe feststanden.
Das russische kommunistische Imperium konnte Meine Liebe nicht besiegen, es brach zusammen, da Meine Erwählten davor standen.
Das sündhafte Imperium von heute wird wie alle anderen Imperien, die sich Meiner Liebe widersetzten, besiegt werden und vor Meinen Auserwählten zusammenbrechen, während sie Meinen Sieg über das Böse feiern.

Sacharja 10,12 – *Sie werden in Meinem Namen ihren Weg gehen.*

Ewigkeit

Gott Vater
Die Hölle hat kein Ende für diejenigen,
die wahrhaft böse sind.
Der Böse mag seinen Tag haben,
doch Ich habe die Ewigkeit.

Jesus
Das Böse, das die Menschheit tut,
ist durch alle Ewigkeit zu spüren.

Gleichheit

Gott Vater
Denke daran, dass in Meinen Augen alle gleich sind; nur weltliche Augen sehen und schaffen Ungleichheit unter dem Einfluss des Bösen.

Familien

Mutter Maria
Familien sollten voller Glück und Liebe sein, doch leider sind das viele heute nicht. Der Grund dafür ist, dass das Böse in die Welt getreten ist und durch die Welt die Familien angreift in der Hoffnung, die Gesellschaft zu zerstören. In vielerlei Weise ist das Böse erfolgreich, da es die Menschen in die Sünde und Selbstsucht und weg von Gott zieht. Wenn in einer Familie nicht die Liebe

Gottes herrscht, ist die Familie zum Scheitern verurteilt. Das ist der Grund, warum dies heute zuhauf in Familien geschieht.

Eine Seele ist ein Geschenk von Gott, das geschätzt werden sollte. Selbst der Böse schätzt sie, wohingegen leider viele Menschen sie nicht schätzen.

Falscher Humor

Jesus
Wer über den falschen, sündigen Humor des Bösen lacht, öffnet sich dem Bösen, dessen einzige Absicht es ist, den Menschen auf ewig in Qualen aufschreien zu lassen.

Angst

Gott Vater
Durch die Angst bringt der Böse viele dazu zu sündigen. Im Vertrauen überwinden viele die Sünde und finden Geborgenheit in Mir.

Sirach 2,13 – *Weh dem schlaffen Herzen, weil es nicht glaubt (vertraut).*

Wenn ein Mensch die Angst in sein Herz hinein lässt, öffnet er dem Bösen einen Weg, ihn anzugreifen und das Vertrauen zu schwächen, das der Mensch in Mich hat. In diesem Leben gibt es nichts zu fürchten. Wenn ein Mensch Mich liebt und glaubt, dass Ich für ihn sorgen werde, wird es im nächsten Leben ewige Freude geben, auf die man sich in Meiner Liebe freuen kann.

Jesus
Hab keine Angst vor dem Bösen;
lass den Bösen dein Vertrauen in Mich fürchten!

Der Böse will, dass die Menschen das Böse fürchten, da die Angst eine Waffe ist, die der Böse dazu einsetzt, die Menschen von Mir weg in die Sünde zu ziehen. Fürchte das Böse nie! Und lass das Böse immer dich fürchten, indem du in völligem Vertrauen auf Meine Liebe für dich und auf den Sieg Meiner Liebe über das Böse lebst.

In der Angst gedeiht das Böse,
im Vertrauen auf Mich stirbt das Böse.

Fürchte nichts Böses,
lass stattdessen das Böse dich fürchten,
während du für Mich, in Mir und mit Mir lebst.

Nur diejenigen, die Meine Liebe ablehnen und den Hass des Bösen bereitwillig annehmen, müssen den Tag des Gerichts fürchten.

Warum das Böse fürchten – es ist besiegt! Warum Angst haben vor dem, was das Böse dir in diesem Leben antun kann – wenn du an Meiner Liebe festhältst, wird jedes Leiden in diesem Leben zur Herrlichkeit im Himmel führen. Warum das Böse in deinem Leben fürchten – in Mir ist dein Leben in Sicherheit.

Psalm 107,6 – *Zum Herrn, die er ihren Ängsten entriss.*

Der Heilige Geist

Den Bösen zu fürchten bedeutet,
eine Tür für ihn offenzulassen.

Mutter Maria

Mit Vertrauen auf Gott sollte es keine Sorge über die Zukunft und keine Angst vor dem Bösen geben.

Die Angst vor dem Tod ist eine Frucht des Bösen, der hart daran arbeitet, dass die Menschen nicht an das kommende Leben glauben. So suchen die Menschen in diesem Leben so viel Vergnügen wie möglich und glauben, es gebe keinen Preis für ihre Sünden zu zahlen. Dann wird der Tod als das Ende angesehen und nicht als die Schwelle zum ewigen Leben, wie es sein soll, und das ist es, was Angst macht.

Hab keinen Schrecken, hab kein Grauen, hab keine Angst vor dem Bösen, denn wenn du deine Liebe zu Meinem Sohn Jesus in der Eucharistie bewahrst, hat das Böse vor dir Angst.

Hab keine Angst vor dem Bösen! Halte standhaft dagegen in der Liebe meines Sohnes Jesus und sei gewiss, dass du in Ewigkeit siegreich sein wirst gegen das Böse.

Hl. Benedikt

In der Liebe Jesu gibt es nichts zu fürchten. In einem Jesus dargebrachten Leben gibt es nichts zu fürchten. Es gibt nichts zu fürchten in einer völligen Selbsthingabe an Jesus, denn Seine Liebe wird dich umgeben und dich vor allem, was böse ist, beschützen.

Das Böse kann dir das Schlimmste nur dann antun, wenn du es zulässt durch deine Ängste, Unsicherheiten und Zweifel. Wenn du an Jesus festhältst, kann das Böse dir keinen dauerhaften Schaden zufügen.

Jesaja 12,2 – *Ja, Gott ist meine Rettung; Ihm will ich vertrauen und niemals verzagen.*

Hl. Aloysius

In der Angst blüht das Böse auf. Im Vertrauen wird deine Liebe zu Gott das Böse überwinden.

Hl. Blasius

Viele Menschen wollen ihre Liebe zu Gott bekanntmachen, bleiben jedoch still aufgrund ihrer Ängste vor dem, was die Welt über sie sagen oder mit ihnen tun könnte. Diese Stille erlaubt es dem Bösen, sich in der Welt auszubreiten, denn jene, die die Sünde unterstützen, werben sehr laut für sie. Wenn diejenigen, die Gott lieben, ihre Ängste ignorieren und darauf vertrauen, dass Gott sie durch alle Widrigkeiten hindurchlotsen wird, und wenn sie dann laut und liebevoll über Seine Liebe in ihrem Leben sprechen, würde der heilige Chor, den sie hervorbringen, den Griff des Bösen auf die Welt brechen.

Psalm 57,10 – *Ich will Dich vor den Völkern preisen, Herr, Dir vor den Nationen lobsingen.*

Hl. Andreas
Das Böse duckt sich in der Gegenwart Gottes. Wenn du also versuchst, jeden Moment in Gottes Gegenwart zu leben, wird das Böse vor dir kuschen.

Kampf gegen das Böse

Gott Vater
Bekämpfe das Böse nur mit wahrer Liebe, da dies der einzige Weg ist, es zu überwinden. Mein Sohn Jesus ist die wahre Liebe, bekämpfe das Böse also in, mit und durch Ihn.

Es gibt einen Kampf, der in jedem Moment eines jeden Lebens vor sich geht – es ist der Kampf um die Seele. Niemand sollte daran zweifeln, dass dies so ist, denn im Nicht-Glauben hört der Mensch auf zu kämpfen und riskiert, seine Seele im Kampf an den Bösen zu verlieren.

Mutter Maria
Je mehr du für Gott tust, desto weniger Einfluss hat das Böse. Je mehr du für Gott tust, desto weniger Schaden kann das Böse anrichten. Je mehr du für Gott tust, desto weniger Schaden kann das Böse der Welt zufügen.

Jeremia 15,21 – *Rette dich aus der Hand der Bösen.*

Hl. Erzengel Michael
Der Kampf zwischen Gut und Böse tobt in jedem Augenblick, doch im Leben derer, die Gott lieben, ist der Sieg Christi, unseres Herrn, über das Böse in jedem Augenblick zu erkennen.

Im Kampf zwischen Gut und Böse gibt es keinen Raum für Apathie oder Gleichgültigkeit, da diese einen Menschen lediglich den Händen des Bösen ausliefern. Jeder Mensch muss aktiv gegen das Böse kämpfen, wenn er für sich und für andere einen Platz im Himmel sichern will.
Im Kampf zwischen Gut und Böse wirst du nur gewinnen, wenn du in Liebe kämpfst. Auf eine andere Weise zu kämpfen, mag hie und da wie ein Sieg aussehen, doch am Ende wirst du merken, dass es eine Niederlage war, da du in die Sünde geführt wurdest. Genau das will der Böse, es ist ein Sieg für den Bösen.

Psalm 1,6 – *Der Weg der Frevler (...) führt in den Abgrund.*

Wie viele Menschen feststellen, ist der Kampf gegen das Böse lang und hart, doch es ist ein Kampf, den die Menschen gewinnen können, wenn sie die Liebe Gottes in Jesus, Seinem einzigen Sohn, vollkommen annehmen. In der wahren Liebe Gottes kann der Betrug des Bösen überwunden werden, da die Kraft Seiner Liebe den Menschen durch Seinen Heiligen Geist die Macht schenkt, das Böse zu besiegen.

Töricht

Jesus
Der Böse macht aus Sündern Toren.

Der Böse versucht, das Gute töricht aussehen zu lassen, indem er die Menschen für die Torheit des Bösen blind macht. Es ist Torheit, mit dem Bösen zu verhandeln, da der Böse seine Versprechen nie halten wird, denn dies widerspricht der Natur des Bösen an sich.
In ihrer Torheit lassen sich viele Menschen vom Bösen blenden, was den wahren Preis für die Sünde betrifft. Doch das wird nicht verhindern, dass sie diesen Preis zahlen müssen, der tatsächlich sehr hoch ausfallen kann.

Die Verderbtheit in der Welt
ist weitaus größer, als irgend jemand weiß.
Der Böse jedoch weiß es und ist glücklich
über die Torheit und Schwachheit der Menschen.

Die Schlange des Bösen versucht noch immer, die Menschen zu verführen und in ihr Nest des Leidens zu locken. In ihrer Torheit gehen viele Menschen freiwillig darauf ein.

Der Böse will, dass niemand ein gutes Leben hat, und tut, was er kann, um dies zu erreichen. In ihrer Torheit glauben das viele nicht und ignorieren diese Tatsache auf eigene Gefahr.

Es ist nicht weise zuzusehen, wie Böses geschieht, und nichts dazu zu sagen. Denn durch dein Schweigen lässt du zu, dass das Böse zunimmt.

Weisheit 12,2 – *Du mahnst sie und erinnerst sie an ihre Sünden.*

Wer weise ist, vermeidet das Böse, selbst das geringste Böse, um jeden Preis. Der Böse will die Menschen vernichten. Ich will die Menschen zur ewigen Freude bringen. Die Menschheit hat die Wahl, und sie sollte weise wählen.

Wahre Werte werden vom Bösen entstellt und törichterweise (auch) von den Menschen unter dem Einfluss des Bösen. So sind die Werte, an die sich viele halten, oft falsche Werte, während solche, die von vielen abgelehnt werden, oft die wahren Werte sind.

Es entspricht der Art des Bösen, das Wahre falsch und das Falsche wahr aussehen zu lassen. Törichterweise sind viele Menschen blind dafür in ihrem Stolz und in ihrer Apathie.

Für Menschen, die in Wirklichkeit nichts über das Leben und nichts darüber wissen, was es bedeutet, wird das Geld zu ihrem Ein und Alles. Vom Geld geblendet, wird die Ewigkeit verdunkelt: Man konzentriert sich ausschließlich auf das Leben auf Erden und das Vergnügen, das man hier auf Erden finden kann. Der Wert des ewigen Lebens wird ignoriert, abgetan oder für irrelevant gehalten.

In ihrer Torheit werden Menschen, die in dieser Haltung leben, einen Preis dafür zahlen müssen, der weitaus höher ist als aller Reichtum, den sie auf Erden besitzen. In der

Ewigkeit werden sie es bedauern, dem so viel Wert beigemessen zu haben, das in Ewigkeit keinen Wert besitzt. Leider werden so viele die Wahrheit zu spät erkennen und die Ewigkeit damit zubringen, über ihre Torheit nachzudenken und den Preis zu zahlen, den der Böse von ihnen fordert.

Nur Törichte glauben, dass der Böse ihnen das geben wird, was sie im Leben brauchen. Denn er wird ihnen nur Leeres bringen, und das, was zum Tod und zum Leiden der Seele führt.

Der Heilige Geist
Es ist töricht, sein Vertrauen in etwas zu setzen, dem nicht zu trauen ist. Leider tun viele heute genau das, indem sie auf das Böse in der Welt vertrauen und darauf hoffen, dass ihre sogenannten Rechte, die häufig in Wirklichkeit Unrechte sind, eine bessere Zukunft bringen.

Mutter Maria
Meine Kinder auf Erden könnten ein glückliches Leben führen, wenn sie sich dafür entschieden, doch leider wählen sie weiterhin die Traurigkeit. Denn meine Kinder wählen weiterhin das Schlechte statt das Gute; das Leiden statt den Frieden; die Welt statt den Himmel und den Bösen statt Gott. Welche Torheit!

Der Böse lacht über die Torheit der Menschen, die bereitwillig die Haltung des Bösen annehmen, denn der Böse weiß, dass die Menschen deswegen nur leiden werden. Leider wissen oder glauben viele Menschen dies nicht, und das ist wirklich töricht!

Gewalt

Jesus
Wer anderen seinen Willen aufzwingt, handelt wie der Böse und nicht wie Ich, denn Ich zwinge niemals jemandem Meinen Willen auf.

Die Gewalt ist eine Waffe des Bösen,
nicht die Gottes.

Mutter Maria
Wer Gewalt einsetzt, um seine Ziele zu erreichen, wird feststellen, dass in der Ewigkeit die Gewalt des Bösen der Lohn für ihre Taten auf Erden ist.

Freiheit

Jesus
Eines Tages blickte ein Mann auf die Welt um ihn herum und fragte sich, warum sie in einem solch schrecklichen Zustand war. Er sah nichts als Aufruhr; überall schien es nichts anderes zu geben als Tod und Zerstörung, Selbstsucht und Gier, Böses, Sittenlosigkeit und Begierde. Er sah nur wenig wahres Glück.

Er dachte: „Das ist doch gewiss falsch, das Leben sollte sicherlich besser sein als nur so?“ Dann wurde ihm bewusst, dass er ein Teil des Problems war, denn er hatte viele dieser Dinge in seinem Leben gut geheißen. Er blickte auf sein Leben und sah, dass auch er nur wenig wahres Glück genossen hatte. Er erkannte, dass sein

Leben voller Stress war, während er auf die weltliche Art zu leben versuchte.

„Wenn ich weiter so lebe, sieht die Zukunft düster aus. Will ich weitermachen mit diesem sinnlosen Leben voller Sorgen und Stress? Ich arbeite so viele Stunden, und alles, was ich vorweisen kann, sind diese wenigen weltlichen Dinge? Gut, ich habe ein Haus, ein schönes Auto und genug Geld. Doch was nützt das, es bringt meinem Herzen keinen Trost und meiner Seele keinen Frieden. Soll ich weiterhin die Dinge und das Vergnügen der Welt suchen und innerlich leer bleiben? Und wenn ich sterbe, nützen mir diese Dinge nichts, ich kann sie nicht mitnehmen."

Er dachte über diese Einsichten nach, und ihm wurde klar, dass er sein Leben ändern sollte. Der Mann begann zu erkennen, dass er nicht darauf warten konnte, dass die Welt sich ändert, wenn er sich nicht zuerst selbst änderte. In seinem Innern wuchs die Gewissheit, dass er etwas tun musste, nicht nur für sich selbst, sondern für alle Menschen. Als er erkannte, dass viele Menschen, die er kannte, ein ähnliches Leben führten wie er, genauso blind und unglücklich waren, wollte er ihnen helfen, ebenfalls ein besseres Leben zu finden.

„Ich muss mich ändern, ich muss ein Vorbild für andere werden, damit auch sie das Bedürfnis haben, sich zu ändern", sagte er sich mit einer Bestimmtheit, die er zuvor nicht gekannt hatte. „Das ist es!", dachte er, wobei ihm etwas klar wurde. „Wenn ich will, dass die Welt besser wird, muss zuerst ich besser sein, und ich muss durch das Beispiel meines Lebens anderen helfen, auch besser zu werden." In seinem Innern gab es zum ersten Mal in seinem Leben eine Sicherheit, dass dies das Richtige war. Er spürte einen

Frieden, wie er ihn noch nie zuvor empfunden hatte, und, ja, eine freudige Erregung. „Warum fühle ich mich so gut?", wunderte er sich. Dann war ihm, wie wenn eine Stimme in seinem Kopf antwortete: „Weil du die Wahrheit entdeckt hast, und die Wahrheit macht dich frei."

„Ich bin frei!", sagte er laut und bemerkte, dass er sich nicht mehr gestresst fühlte und sich keine Sorgen mehr machte. Er erkannte nach der Entscheidung, sich von dem Weg der Welt und des Bösen in der Welt auf einen besseren Weg zu begeben, dass es sich jetzt anfühlte, wie wenn Ketten von ihm abgefallen wären und er wirklich frei war. „Wie fange ich mein neues Leben an?", überlegte er, als dieselbe Stimme sanft antwortete: „In Mir."

„Wer bist Du?", fragte der Mann überrascht darüber, dass er mit einer Stimme in seinem Kopf sprach.

„Ich bin die Wahrheit, die dich frei gemacht hat, die dich zu einem wahren und erfüllten Leben führen wird, zu einem besseren Leben in Mir." Der Mann fiel auf die Knie und rief: „Herr", als ihm klar wurde, dass Jesus zu ihm sprach.

„Nimm Mein heiliges Wort in dein Herz und lebe von nun an danach, und du wirst das Leben finden, das du suchst", antwortete die Stimme. Vor seinem inneren Auge sah der Mann nun die Heilige Bibel. „Ja, natürlich!", sagte er mit einem Lächeln. „Ich habe sie früher ignoriert, wie dumm war ich doch, denn alle Antworten sind darin zu finden", stellte er fest und schüttelte den Kopf in Gedanken daran, welch ein Narr er gewesen war, als er Gottes Wort ignoriert hatte, um stattdessen auf das Wort der Welt zu hören. „Was hat mir das gebracht?", dachte er. „Wirklich sehr wenig! Und was bringt es der Gesellschaft? Sehr wenig Gutes und viel Verwirrung, Unsicherheit, Aufruhr, Leiden, Respektlosigkeit, Sittenlosigkeit und Hass, da sich die Menschheit der Führung des Bösen anvertraut anstatt der Führung Gottes. Jetzt ist die Zeit, sich zu ändern! Jetzt, nicht später! Ich werde jetzt nicht mehr länger töricht sein. Ich will jetzt zu Gott stehen, zu mir und zur Menschheit, so wie ich es sollte."

Der Mann fühlte sich innerlich erneuert und beschloss, dass er von nun an Gott und den Mitmenschen dienen würde. Er würde ein Diener aller werden und ihnen, wo immer er konnte, die Hilfe, Führung und Liebe anbieten, die sie brauchten, um das Böse in ihrem Leben zu überwinden. Dann hörte er eine Stimme in seinem Kopf sagen: „Das ist es, was du tun solltest, denn du bist ein Christ, und das ist die christliche Haltung."

Heute haben dies viele Meiner Nachfolger vergessen. Es ist Zeit, dass sie sich, wie dieser Mann, daran erinnern.

Niemand sollte alleingelassen werden, um im Sumpf der Sünde zu versinken. Und alle, die Mich lieben, sollten den Sündern helfen, sich von dem Bösen zu befreien, das sie umgarnt.

Die Wahrheit befreit die Menschen
von den Fesseln der List des Bösen.

Der Böse kann jene, die Mich wahrhaft lieben,
nicht einkerkern.

Die Wahrheit befreit die Menschen, da das Böse jene nicht festhalten kann, die in der Wahrheit Meiner Liebe leben.

Gott Vater
Die wahre Freiheit ist ein Recht, das Ich der ganzen Menschheit gab und das der Böse in vielerlei Formen hinwegzunehmen versucht, indem er die Menschen durch Stolz und Sünde versklavt.

Sanftmut

Jesus
In der Welt von heute gibt es viele böse Füchse, die danach trachten, die sanftmütigen Lämmer Meiner Liebe in die Falle zu locken und zu verschlingen. In der Sanftmut Meiner Liebe werden Meine Lämmer jedoch geborgen sein und brauchen nichts zu fürchten, denn Ich werde sie beschützen, und nichts Böses noch Listiges kann gegen Mich bestehen.

Ezechiel 31,14 – *Denn alle werden dem Tod ausgeliefert, sie müssen hinab in die Unterwelt.*

Die Sanftmut gewinnt die Herzen aller, die nicht voll des Bösen sind; sie kann sogar die Herzen vieler, die voll des Bösen sind, gewinnen.

Das Gute

Gott Vater
Das Böse wird wachsen,
außer wenn deine Reaktion auf das Böse Gutes ist.

Meine Botschaft ist immer gut,
nur das Böse bringt schlechte Neuigkeiten.

Das Gute in der Welt mag von den Schlechten verborgen werden, doch es ist trotzdem da und wirkt stark gegen das Böse.

In der Welt wimmelt es vor Gutem, obwohl es nicht so aussehen mag. Viele Menschen versuchen ein gutes Leben zu führen und zu tun, was richtig ist, doch so oft erfährt man nichts davon. Es ist stattdessen das Schlechte und Böse in der Welt, von dem die Nachrichten berichten, und deshalb verzweifeln viele und meinen, es geschehe nichts oder wenig Gutes.

Jesus
In einer Situation das Beste tun bedeutet,
immer Gutes zu tun, nicht Böses.

Es gibt viele gute Neuigkeiten aus aller Welt, doch die Menschen scheinen mehr von schlechten Nachrichten fasziniert zu sein, weil das Gute von dem Bösen in der Gesellschaft abgewertet wird.

Mutter Maria
Wenn andere sich schlecht benehmen, reagiere mit Güte und Liebe, sonst gewinnt das Böse.

Nichts Gutes kommt je vom Bösen oder von dem, was schlecht ist, obwohl es manchmal so scheinen mag. Alles Gute kommt von der Güte der Liebe Gottes, nicht von der Finsternis des Bösen.

Mit guten Absichten, guten Taten und einem guten Herzen wird von einer Person nur Gutes kommen und niemals Schlechtes.

Das Gute gewinnt am Ende immer, auch wenn die Menschen es derzeit nicht erkennen oder verstehen mögen. Das Gute besiegt das Böse immer; dies ist eine ewige, unabänderliche Wahrheit.

Hass

Gott Vater
Der Hass in der Welt zeigt,
wie stark der Griff des Bösen ist.

Jesus
Aus Liebe zu Mir hasst niemand,
und aus Liebe zum Bösen liebt niemand.

Hölle

Gott Vater
Die Hölle ist nicht auf Erden und kann auf Erden nicht erlebt werden. Die Hölle übersteigt das Verstehen der Menschheit, doch leider liegt sie nicht außer Reichweite derer, die Böses tun und sündigen.

Böses rechtfertigen

Gott Vater

Die Sünde zerstört Menschenleben und verwundet Seelen. Selbst wenn die Sünde unbedeutend scheint, hat sie dennoch diese Auswirkungen, die das Wirken des Bösen durch die Sünde sind.

Auch wenn Meine Güte manchmal das Leben von Menschen aufgrund von bösen Taten berührt, bedeutet dies nicht, dass Ich Böses stillschweigend dulde, denn Ich dulde es nie! Immer wäre es besser gewesen, das Böse wäre nie geschehen, ungeachtet der möglichen guten Folgen. Ich nutze die Situation nur, um Gutes hervorzubringen; doch niemals wünsche, unterstütze oder billige Ich eine böse Tat!

Jesus

Böses einzusetzen, um Gutes zu erreichen, hat nie Erfolg. Viele aber glauben das und finden Rechtfertigungen dafür. Solche Rechtfertigungen sind nur Ausreden, um das Böse zu akzeptieren, und sie werden in Form von Qualen auf die zurückfallen, die aus irgendeinem Grund das Böse einsetzen.

Böses fernhalten

Gott Vater

Sei immer bereit, dem Bösen entgegenzutreten,
und fürchte dich nie, dies zu tun.

Meine Liebe ist eine Barriere gegen das Böse. Und wenn du in Meiner Liebe lebst und dienst, bist du in Sicherheit.

Mutter Maria
Ganz gleich, wie sehr der Böse es versucht: Er kann jemanden, der Gott wirklich liebt und Ihm vollkommen vertraut, nicht überwinden.

Eine Seele an den Bösen zu verlieren, ist eine Tragödie, die immer vermieden werden kann, wenn der Mensch nur wahre Vergebung sucht in der barmherzigen Liebe meines Sohnes Jesus.

Jesus
Die Sakramente bewahren dich in Meiner Liebe. Die Sakramente stärken dich in Meiner Liebe. Die Sakramente halten Böses fern, indem sie dich mit Meiner Liebe erfüllen, deinen Glauben stärken und dir den Mut schenken, den es braucht, um in Meiner Wahrheit festzustehen.

Nur mit wahrer Liebe kann das Böse im Leben eines Menschen besiegt werden. *Ich Bin* die wahre Liebe, und in Meiner Liebe ist der Sieg über das Böse, an dem alle Anteil haben können.

Konfrontiere das Böse mit Meiner Liebe, mit Meiner Güte und mit Meiner Wahrheit, und dann kann das Böse dich nicht überwinden.

Wenn ein Mensch versucht, nach Meinem Weg zu leben, gibt sich das Böse alle Mühe, ihn aufzuhalten, doch wenn der Mensch in der Liebe zu Mir verharrt, kann das Böse ihn nicht überwinden.

Geführt vom Bösen

Gott Vater
Das Böse versucht die Menschen zu verführen, das Törichte und Dumme als etwas Richtiges anzunehmen und zu meinen, es sei am Besten für die Gesellschaft.

Jesus
Lass nicht zu, dass das Böse dich auf den Weg des Zorns und der Ablehnung führt. Vergib, liebe und bleib auf Meinem Weg.

Die Liebe zu Mir und zu den Mitmenschen sei allezeit in deinem Herzen, so wirst du nicht vom Bösen in die Irre geführt.

Schlecht über jemanden zu denken bedeutet,
dass du das Böse in deine Gedanken eingelassen hast.

Mutter Maria
Lass nicht zu, dass der Böse dich zu schlechten Gedanken über andere verführt. Versuche immer das Beste über und für andere zu denken.

Leben

Gott Vater

Es gibt viele Theorien über die Entstehung des Lebens, doch nur eine ist wahr, und diese lautet: Alles Leben kam von Mir durch Meinen Sohn Jesus und durch die Kraft Meines Heiligen Geistes. Es gibt viele Theorien darüber, wie der Mensch erschaffen wurde, doch nur eine ist wahr, und diese lautet: Ich habe den Menschen nach Meinem Abbild erschaffen und seinem Wesen Meinen lebendigen Geist eingehaucht, um seine Seele zu erschaffen. Es gibt viele Theorien darüber, wie das Leben sich entwickelt hat, doch nur die eine ist wahr, die besagt, dass alles Leben von Gott kam und nach Gottes Willen in der Liebe Gottes lebt. Alle anderen sind Täuschungen des Bösen, die dazu benutzt werden, das wundervolle Geschenk, das Ich in der (Erschaffung der) Menschheit gemacht habe, abzuwerten.

Mein Wille ist es, dass das Leben geschätzt und respektiert wird. Der Wille des Bösen ist es, dass das Leben vernichtet werde.

Wie lacht der Böse darüber, dass die Menschen dem Leben wenig Wert beimessen, denn der Böse weiß, dass das Leben für Mich großen Wert besitzt. Der Böse ist erfreut darüber, dass die Menschen Mich beleidigen, indem sie dieses große Geschenk Meiner Liebe geringschätzen.

Jesus
Dem Leben geringen Wert beizumessen bedeutet, sich selbst abzuwerten und damit genau das zu tun, was der Böse will.

Gott Vater
Wer fern von Mir lebt, lebt den Weg, der zur Hölle führt. Wer nach Meinem Weg lebt, lebt fern des Bösen und lebt den Weg, der zum Himmel führt. Wer nach Meinem Weg lebt, lebt nach dem Weg Meines Sohnes Jesus. In Ihm ist der einzige Weg zu finden, um auf ewig im Himmel zu leben.

In Liebe habe Ich erschaffen, und wenn die Menschen so lebten, wie sie zu leben erschaffen wurden, würden sie nichts anderes tun als zu lieben. Das Böse wäre dann nicht in der Lage, auf Erden Chaos zu verursachen.

Das Leben auf Erden ist nur ein Teil des Lebens eines Menschen und nicht das komplette Leben. Nach dem Durchschreiten der Schwelle des Todes wartet die Ewigkeit im Himmel auf jene, die in ihrem Leben auf Erden ihr Bestes taten, so zu leben, wie Ich es erbat.
Das Fegefeuer erwartet jene, die Fehler gemacht haben, für die man sühnen muss, bevor man in den Himmel aufgenommen werden kann.
Die Hölle erwartet jene, die Meine Liebe abgelehnt, sich von Mir abgewandt und sich einem Leben der Sünde und des Bösen zugewandt haben. Es ist wichtig, dass die Menschen verstehen, wozu dieses Leben auf Erden führt. Es ist wichtig, damit sie die richtigen Entscheidungen treffen

können, die sie zu einem ewigen Leben in Meiner Liebe führen werden.

Sirach 15,17 – *Was er begehrt, wird ihm zuteil.*

Jesus
Das Böse kann jemanden, der Meine Gegenwart in der Eucharistie liebt und dafür lebt, nie überwinden.

Das Böse kann nie jemanden überwinden, der für Mich lebt. Dies ist eine ewige Wahrheit, die niemand bezweifeln sollte.

Liebende Herzen

Gott Vater
Ein Herz beginnt sich vor Mir zu verschließen, wenn es auf sich selbst ausgerichtet ist und der Selbstsucht gestattet, es in die Sünde zu führen. Wenn sich ein Herz vor Mir verschließt, beginnt es zu verdorren und wird schließlich sterben, weil Meine Liebe nicht mehr in ihm wohnt, denn Meine Liebe ist die Speise des Lebens für die Herzen.

Ein Herz in seinem Todeskampf schreit oft auf voller Wut, Bitterkeit, Hass, Abneigung und in manch anderer bösen Gesinnung in dem Versuch, andere zu verletzen, weil es selbst verletzt ist und will, dass es anderen ebenso ergeht. Diese Herzen sind zu bemitleiden. Ich liebe diese Herzen trotzdem und will sie nicht verlieren.

Wenn der, der Mich liebt, mit diesen bitteren Herzen in Kontakt kommt, ist es wichtig, dass er nicht zulässt, dass diese Infektion des Bösen sich in seinem Herzen ausbreitet.

Es kann sein, dass die liebenden Herzen verletzt werden und in ihrem Schmerz zulassen, dass ihre Schwachheit die Oberhand gewinnt. Durch diese Schwächen kann die Infektion des Bösen dann Einlass finden. Die Herzen, die Mich lieben, müssen sich in der Gnade stärken durch die Sakramente und das Gebet, damit die guten Herzen, wenn sie mit einem sterbenden Herzen in Kontakt kommen, in Meiner Liebe feststehen und auf die bitteren Herzen zugehen können in der Hoffnung, sie vor dem Bösen zu retten, das hereingelassen worden war.

Die sterbenden Herzen brauchen Heilung. Dies kann nur durch die Gnaden geschehen, die Ich durch die Herzen derjenigen schenke, die Mich lieben und Mir dienen. Ich rufe jeden, der sagt, er liebe Mich, dazu auf, Mein liebendes Herz auf Erden zu werden und Meine heilende Liebe zu denen zu bringen, die im Bösen sterben. Tu dies, indem du dein Herz in das heiligste Herz Meines Sohnes Jesus legst und das Unbefleckte Herz Mariens, Seiner Mutter, bittest, dir zu helfen.

Hl. Erzengel Michael
Nichts Böses kann ein Herz durchdringen,
das Gott wirklich liebt.

Ehe

Jesus
Die Liebe zwischen einem Ehemann und einer Ehefrau sollte heilig sein und in Mir wachsen, um die Gesellschaft und die Welt zu stärken. Daher wird die Ehe heftig vom

Bösen angegriffen, denn der Böse will verhindern, dass die wahre Liebe in den Ehen zum Segen für die Welt wird.

Mutter Maria

Die Beziehung zwischen einem Mann und einer Frau im Sakrament der Ehe ist heilig. Wer diese heilige Gabe zerstört oder angreift, greift die von Gott geschenkte Heiligkeit an und wird dafür geradestehen müssen.

Die Beziehung zwischen einem Mann und einer Frau ist eine von Gott geschaffene Beziehung. Jegliche Beziehung von Menschen gleichen Geschlechts, seien sie männlich oder weiblich, ist eine schreckliche Sünde gegen Gott, den Schöpfer. Es ist eine Sünde, die viele in die Verzweiflung führen wird, wenn sie Gott am Tag des Gerichts begegnen, die Wahrheit erkennen und ihnen klar wird, dass sie weit davon entfernt gelebt haben.

Die Beziehung zwischen einem Mann und einer Frau sollte auf Liebe und gegenseitigem Respekt gegründet sein. Wer die Liebe einer Ehe nicht respektiert, schafft ein Kreuz für sich selbst und für seine Angehörigen.

Beziehungen zwischen Männern und Frauen sind ein wichtiger Teil des Schöpfungsplanes Gottes und sollten daher respektiert, mit Liebe erfüllt und in Übereinstimmung mit den von Gott gegebenen Geboten sein. Andernfalls führen Beziehungen nur zum Bösen, zur Sünde und zu einem Weg, der Menschen weg von Gott bringt.

Verhandeln mit dem Bösen

Jesus
Es ist unmöglich, ein erfolgreiches und gutes Ergebnis mit dem Bösen auszuhandeln, da der Böse nie sein Wort hält und nie etwas tun würde, das gut ist und gute Früchte bringt.

New Age

Jesus
Heutzutage werden den Menschen viele sogenannte Glaubensrichtungen vorgelegt, die die Menschen weg von Mir führen sollen. Diese Glaubensrichtungen sind überhaupt nicht neu, sondern alte Täuschungen, die auf neue Art präsentiert werden. Es sind dieselben Täuschungen, die der Böse gebraucht, seit die Menschheit erschaffen wurde. Heute wie in der Vergangenheit ist die Menschheit blind für das, was ihr tatsächlich vorgelegt wird, und heute wie früher verstricken sich viele in die Lügen des Bösen, der ihre Seelen umgarnt und sie am Ende zerstört.

Jeremia 23,32 – *Sie sind diesem Volk ganz unnütz.*

Gott beleidigen

Jesus
Ein kostbares Geschenk Gottes, ein Schatz vom Himmel, eine Schöpfung der Liebe: Das ist eine Seele. Kein Wunder, dass der Böse versucht, so viele wie möglich zu zerstören, denn jede vom Böse eingenommene Seele ist in seinen

Augen eine Möglichkeit, Gott wehzutun. Der Böse meint, auf diese Weise den Sieg zu erringen. Wie traurig, dass der Böse seine Niederlage noch nicht akzeptiert hat, und wie traurig, dass so viele Seelen auf Erden ebenfalls nicht glauben, dass der Böse besiegt ist!

Sprichwörter 11,19 – *Wer dem Bösen nachjagt, (erlangt) den Tod.*

Wenn der Mensch sich mit den Tieren vergleicht und glaubt, er stamme von ihnen ab, erniedrigt dies die Würde des Menschen und schmälert die herrliche Wahrheit der Liebe Gottes in Seinen Kindern. Dies ist einfach eine Täuschung des Bösen, in die viele gezogen werden. Dies ist eine Art und Weise, wie der Böse die Menschen zu erniedrigen sucht.

Verlieren die Menschen ihren Glauben daran, dass die Menschheit eine besondere Schöpfung der Liebe des Vaters ist, leugnen sie damit die Wahrheit des Wortes Gottes. Denn in jenem Wort heißt es, dass Gott dem Menschen einen Geist nach Seinem Abbild schenkte, einen Geist, wie ihn kein Tier besitzt.

Der Böse führt die Menschen nicht nur hinters Licht, damit sie Gott auf diese Weise beleidigen, sondern er beleidigt auch Gott, indem er sagt, dass Ich, Sein Sohn Jesus, in den Leib eines Tieres herabkam, das sich einfach nur auf andere Weise entwickelt habe als andere Tiere. Welch eine Beleidigung ist dies, denn es ist nicht nur eine Beleidigung der Menschheit, sondern auch der Gottheit!

Der Böse verführt die Menschen, so dass sie ihren eigenen Wert leugnen und ebenso, dass Gott auf die Erde kam in einer Schöpfung, die über anderen steht und die geschaffen ist, ein

Abbild der Liebe Gottes zu sein. Einmal mehr greift das Böse Gott an durch die menschliche Schwäche des Stolzes und bringt die Menschen soweit, ihren eigenen Wert herabzusetzen. Kein Wunder, dass es einfacher wird, menschliches Leben zu vernichten oder seine Zusammensetzung zu verändern, denn wenn es für wenig mehr als ein Tier gehalten wird, ist es schwieriger zu erkennen, welches Unrecht getan wird.

Genesis 1,27 – *Gott schuf also den Menschen als sein Abbild; als Abbild Gottes schuf er ihn. Als Mann und Frau schuf er sie.*

Offen für das Böse

Gott Vater

Wenn die Liebe ein Herz verlässt, tritt der Böse ein.

Je mehr du dich auf das Böse ausrichtest,
desto mehr riskierst du, dass es in dein Leben kommt.

Jesus

Wer Groll in seinem Herzen hegt,
lässt eine Tür offen für den Bösen.

Niemand braucht das Böse in seinem Leben, doch leider glauben viele, sie bräuchten es. Durch ihre Art zu leben erkennt man deutlich, dass viele das Böse freiwillig in ihr Leben einladen und es bereitwillig aufnehmen.

Ziehe den Weg der Welt unter keinen Umständen Meinem Weg vor, sonst riskierst du, dich dem Bösen zu öffnen.

Die Welt ist offen für das Böse,
weil die Menschen es so wollen.

Niemand sollte sich dem Bösen zuwenden, egal aus welchem Grund, denn der Preis dafür ist immer sehr hoch.

Das Böse zu unterstützen bedeutet,
die eigene Vernichtung zu unterstützen.

Dein Herz hege keinerlei Akzeptanz für die Sünde,
so lässt du dem Bösen keine Chance einzutreten.

Mutter Maria
In jedem Leben spielt sich ein täglicher Kampf mit dem Bösen ab. Leider verlieren viele diesen Kampf und unterliegen dem Bösen, da viele den Schutz der Gnade Gottes nicht mehr haben. Denn sie akzeptieren das, was dem Willen Gottes entgegensteht und diesen ablehnt.

Lass nicht zu, dass der Böse dich dazu verführt, schlecht über andere zu denken oder zu reden, weil dadurch das Böse in dein Herz einzieht.

Wenn du auf das Bösen schaust, lädst du es in dein Leben ein. Blicke immer zum Himmel und lade nur Gott in dein Leben ein, wenn du das Verlangen hast, auf ewig geborgen zu sein.

Der Stolz war die Ursache, dass der Böse in die Herzen der Menschen eindrang. Dies kann durch wahre Demut vor Gott ein Ende finden.

Akzeptiere niemals Sünde in jeglicher Form, sonst lädst du das Böse in dein Leben ein.

Hl. Johannes der Täufer
Gegen den Willen Gottes zu protestieren bedeutet, den Bösen zu umarmen, der dasselbe tut.

Frieden

Gott Vater
Der Friede regiert in den Herzen, in denen Mein Sohn Jesus der Herr ist, denn Er ist der Friede.
Der Friede regiert in dem Leben, in dem Mein Sohn Jesus der Herr ist, denn mit Jesus im Leben stört nichts den Frieden eines Menschen.
Der Friede regiert in den Seelen, in denen Mein Sohn Jesus der Herr ist, denn dann kann nichts Böses dort wohnen, und ohne das Böse ist immer Frieden.
Jeremia 34,5 – *In Frieden.*

Jesus
Ich bringe Frieden. Der Böse bringt Aufruhr.

Friede sollte das Verlangen aller Menschen sein, doch weil törichterweise manche den Frieden nicht wünschen, ist in der Welt der Aufruhr weit verbreitet und das Böse regiert in vielen Herzen, was sie in die ewigen Qualen führen wird.

Vergnügen

Jesus
Wer am Bösen Vergnügen findet, wird entdecken, dass es ein falsches Vergnügen ist, das zum ewigen Missvergnügen führt.

Das Böse in der Unterhaltung (im Entertainment) macht die Unterhaltung sündig.

Das Böse mag zwar aufregend und prächtig erscheinen, doch alle sollten sich an den Preis erinnern, den das Böse für seine falschen Freuden fordert: Dieser besteht in ewigem Elend und Leiden.

Politik

Gott Vater
Der Böse manipuliert Politiker, nach seinem Willen zu handeln. Denn er weiß, dass er dadurch noch viele mehr dazu bringen kann, seinen Willen anzunehmen. Bete für alle Politiker um die Herzensstärke, dem Bösen zu widerstehen und nur das zu tun, was gut ist.

Jesus
Leider verführt die Politik manche Menschen zum Betrug in ihrem Trachten nach Macht oder nach Machterhalt. Dadurch steht dem Bösen eine Tür offen, durch die er eintritt und viele Politiker so manipuliert, dass sie Unrecht tun, es unterstützen oder akzeptieren.

Herrscht Demokratie, wird es – außer wenn sie Meinem Weg folgt – eine Demokratie sein, die zu Aufruhr, Verwirrung, Leiden und schließlich in die Arme des Bösen führt. Demokratie ist nicht der Weg zur Erlösung und zum Frieden für die Menschheit. *Ich Bin* es, und Mein Weg ist es.

Hl. Johannes der Täufer
Demokratie funktioniert dann am Besten, wenn die Mehrheit die gute Absicht hat, die Sünde zu meiden, Böses abzulehnen und zu fördern, was richtig ist.

Gebet

Gott Vater
Wie das Gebet in der Welt zunimmt, nimmt das Böse ab.

Mutter Maria
Wenn das Böse versucht, dich von deinen Gebeten abzulenken, ignoriere es, indem du dich auf die Liebe zu Gott in deinem Herzen konzentrierst und zulässt, dass diese Liebe dich näher zur Liebe Gottes hin zieht. Dann öffnet sich dein Herz, um Seine Gnade zu empfangen.

Stolz

Jesus
Das Leben der Menschen von heute ist dasselbe wie seit dem Bestehen der Menschheit. Es ist ein Leben der Entscheidungen zwischen gut und böse. Heute wie auch frü-

her wählen viele leider das Böse und entscheiden sich, all das bereitwillig anzunehmen, das mit dem Bösen einhergeht. Und wie schon früher erkennen oder glauben viele das nicht in ihrem blinden Stolz.

Das Böse ist ansteckend, weil viele Seelen die offene Wunde des Stolzes haben, welche dem Bösen Einlass gewährt.

Schau nie stolz auf andere herab,
weil dich das für das Böse öffnet.

Aufgrund des Stolzes und der Dekadenz der Menschheit ist das Böse in der Welt stark.

Der Stolz ist es, der den Menschen dazu veranlasst, einen anderen für minderwertig zu erachten. Es ist derselbe Stolz, den Luzifer und die bösen Engel haben, da sie die Menschen für minderwertig halten.

Es ist wichtig, die Menschen immer mit demselben Respekt zu behandeln, den du für dich erwartest. Dies nicht zu tun ist hochmütig und öffnet dich für das Böse.

Der Stolz zieht die Menschen weg von Gott in die Arme des Bösen und macht sie blind für das, was sie tun.

Priestertum

Gott Vater
Jeder Priester verdient Respekt für die Opfer, die er gebracht hat, um Priester zu werden. Jeder Priester verdient Verständnis für die Anstrengungen, denen er sich gegenüber sieht, und für die Schwächen, die er hat. Jeder Priester verdient Hilfe, während er die Kämpfe seines Priesterlebens bestreitet.
Lass einen Priester nie allein! Hilf Priestern immer durch dein Gebet und unterstütze sie! Verstehe, dass das Böse nie aufhört, das priesterliche Leben anzugreifen. Respektiere das Wirken der Priester immer, denn es ist heilig, auch wenn der Priester manchmal nicht heilig ist.

Jesus
Wenn ein Priester zu Fall kommt, ist es eine Katastrophe für die ganze Welt, weil dadurch der Böse die Menschheit noch fester im Griff hat.

Mutter Maria
Im Herzen eines Priesters findet sich die Gnade, alles Böse zu überwinden. Damit diese Gnade dies tun kann, muss der Priester nur glauben und Gebrauch von dieser Gnade machen.

Böses erkennen

Gott Vater
Das Böse nimmt viele Formen an, und nur im Gehorsam zu Meinen Geboten, zum Wort Meines Sohnes Jesus und zu den Lehren Meiner heiligen, katholischen und apostolischen Kirche kann man das Böse in all seinen Formen erkennen.

Selbstsucht

Jesus
Wer zuerst an sich selbst denkt, stellt die Bedürfnisse anderer hinten an. Das ist nicht das, was Ich von Meinen Anhängern erbitte. Ich bitte euch, die Liebe zu Gott an die erste Stelle zu setzen und andere genauso zu behandeln, wie ihr selbst behandelt werden wollt. Alles andere steht Meinem Gebot entgegen und führt nur in die Sünde und zum Bösen.

Sexuelle Beziehungen

Jesus
Die sinnliche Begierde ersetzt die Liebe, und die Gesellschaft leidet, da Familien zerbrechen. Die junge Generation wird verwirrt, und der Böse lacht. Ohne Liebe gibt es keine Hoffnung für die Zukunft, mit der sinnlichen Begierde gibt es nur Unglück.

Jegliche Sexualität außerhalb der Ehe
birgt keine Sicherheit,
da sie die daran beteiligten Menschen
der Verführung des Bösen öffnet,
und das ist nicht sicher!

Häufig schauen die Menschen in der Kirche mit menschlichen Augen und sehen das, was sie wollen, nicht was Ich will.

Viele Christen halten die Empfängnisverhütung für eine Sache der persönlichen Entscheidung, doch die einzige persönliche Entscheidung in dieser Sache ist, ob ein Mensch sündigt oder nicht. Der Eingriff in die Entstehung des Lebens durch jegliche Form von Verhütung ist falsch. Die einzige sündenfreie Wahlmöglichkeit ist, enthaltsam zu sein in den Zeiten, in denen Leben entstehen kann. Denn durch die Enthaltsamkeit geschieht nichts, was möglicherweise entstehendes Leben beeinträchtigt; nichts, was die Entstehung des Lebens hemmt und nichts, was das Geschenk des Lebens, das der Vater gibt, herabsetzt.

Enthaltsamkeit ist die einzige Art und Weise, die Gott nicht beleidigt, wohingegen die Empfängnisverhütung nicht nur Gott verletzt, sondern auch die Seelen, denen dadurch ein Leben auf Erden verwehrt wird.

Die Empfängnisverhütung ist ein Übel, welches das Leben nicht nur herabsetzt, sondern außerdem viele dazu bringt, das Geschenk nicht zu würdigen, das Gott ihnen in ihrem Körper gegeben hat. Es ist ein Geschenk, das vielen Seelen versagt wird aufgrund der Selbstsucht derer, die an sich denken und den Willen Gottes vergessen.

Die Empfängnisverhütung ist eine schwere Sünde, für die viele blind sind und für die viele Rechenschaft werden ablegen müssen an ihrem letzten Tag.

Kohelet 2,21 – *Auch das ist Windhauch und etwas Schlimmes, das häufig vorkommt.*

Micha 3,4 – *Er wird sein Angesicht vor ihnen verbergen; denn ihre Taten sind böse.*

Die Sexualität ist ein Geschenk, das zwischen einem Ehemann und seiner Frau geschätzt und respektiert werden sollte. Bedenke, dass gleichgeschlechtliche „Ehe" gleichgeschlechtliche Sünde ist. Leider wurde die Sexualität für viele Menschen nur zu einem weiteren körperlichen Akt, ohne Liebe und ohne Wertschätzung des Geschenkes. Wie lacht der Böse, da er sieht, wie leicht es ist, die Menschen in die Sittenlosigkeit zu ziehen und wie dadurch Ehen, Familien und die Gesellschaft schweren Schaden nehmen!

Mutter Maria

Die sexuelle Vereinigung sollte ein heiliger und liebevoller Teil einer Ehe sein, so dass die Liebe in einer Ehe gestärkt werde und Kinder geboren werden können. Heutzutage wird der wahre Sinn der Sexualität vom Bösen verborgen, während er viele zu einer lüsternen und unmoralischen Haltung verführt, die die Heiligkeit der Ehe schwächt und so dazu beiträgt, die Gesellschaft zu schwächen und zu zerstören.

Leider sind viele aufgrund ihrer stolzen, selbstsüchtigen, das Vergnügen suchenden Haltung blind für dieses Übel und können nicht erkennen, dass sie wegen ihrer sündhaften Haltung eine gewisse Verantwortung tragen für das Leid in der Welt.

Hl. Kolumban
In der Welt von heute gibt es viele, deren Leben wenig Moral aufweist und die die Sittenlosigkeit zur Norm gemacht haben. Wer so handelt, setzt seine Seele dem Risiko ewiger Verdammnis aus. Es ist die Pflicht derer, die behaupten, unseren Herrn Jesus zu lieben, aufzustehen und die Wahrheit zu verkündigen. Es ist ihre Pflicht, ihren Brüdern und Schwestern in Liebe zu sagen, inwiefern die von ihnen gelebte Sittenlosigkeit falsch und vom Bösen ist. Sie sollten ihren Brüdern und Schwestern erklären: Wenn das Leben nicht in ein gutes und moralisches Leben geändert wird, werden Leiden und Schmerz in der Welt weiter zunehmen, und für viele, die sittenlos leben, werden Leiden und Schmerz in alle Ewigkeit andauern.

Lukas 3,3 – *Und (er) verkündigte dort überall Umkehr und Taufe zur Vergebung der Sünden.*

Leiden

Gott Vater
Unter dem Einfluss des Bösen haben viele sich selbst und andere verletzt, sowohl körperlich als auch emotional und immer seelisch. Viele aber erkennen weder, was sie tun, noch die Konsequenzen daraus und glauben oft in ihrer Torheit, wer Unrecht tut, müsse keinen Preis dafür zahlen. Es gibt immer einen Preis, und dieser Preis ist

immer schmerzlich, und manchmal kann dieser Schmerz ewig dauern.

Es sind immer die Unschuldigen, die am meisten unter dem Bösen leiden, weil der Böse es auf die Unschuldigen abgesehen hat. Denn in ihnen sieht er eine Möglichkeit, die Menschheit tief zu verletzen, in der Hoffnung, dass die Unschuldigen sich in Schuldige verwandeln werden, um den Schmerz endlos fortzusetzen.

Die Menschheit geht töricht auf dem Weg der Selbstzerstörung, vom Bösen auf diesem Weg geführt. Dadurch zieht sich die Menschheit unnötiges Leiden zu und bereitet dem Bösen durch ihr Leiden großes Vergnügen. In ihrem Stolz lehnt die Menschheit den Weg des Friedens, der Liebe und Freude ab, die Ich in Meinem Sohn Jesus anbiete, und zahlt dafür einen hohen Preis.
Mein Angebot steht immer noch. Immer noch warte Ich auf die Menschheit, dass sie Mein Angebot annimmt und den unnötigen Schmerz ablehnt, den sie jetzt bereitwillig auf sich nimmt, indem sie die Wege des Bösen akzeptiert.

Jesus
Der Böse kennt keine Grenzen bei dem Leiden, das er verursacht. Je mehr Leiden, desto erfreuter ist der Böse, doch er wird niemals zufrieden sein, bevor nicht alle unaufhörlich im Griff des Bösen leiden.

Die leidende Seele ist eine Seele, die in der Sünde gefangen ist. Eine versklavte Seele ist eine Seele, die vom Bösen umgeben ist. Eine verlorene Seele ist eine Seele, die das Böse akzeptiert, das sie umgibt, und in die Falle Satans geht.

Während die Welt sich von Mir abwendet, lacht der Böse, da die Menschheit das Leiden, das er anbietet, in die Welt einlädt.

Hl. Cornelius
Für den Herrn Jesus zu leiden, ist ein von Gnade erfülltes Geschenk, das so vielen dabei helfen kann, am Bösen vorbei und in die Arme Gottes zu gehen. Dadurch, dass einige um der Liebe Gottes willen leiden, wird anderen die Gnade geschenkt, diese Liebe zu finden.
Wenn du also leidest, opfere dies jedes Mal dem Herrn Jesus auf für andere, und durch Seine Gnade wirst du viele gerettet sehen.

Psalm 112,7 – *Sein Herz ist fest, er vertraut auf den Herrn.*
Philipper 3,10 – *Und die Gemeinschaft mit seinen Leiden.*

Aberglaube

Jesus
Wenn Menschen in Meiner Nachfolge alte falsche Glaubensvorstellungen und alten Aberglauben einbringen und als Teil ihres Glaubens daran festhalten, so riskieren sie, ihren Glauben und Meine Liebe zu verlieren. Denn sie bringen Mir nur einen ähnlichen Respekt entgegen wie diesen alten Übeln, und das ist eine schwere Sünde.

Leben nehmen

Gott Vater
Der Makel des Bösen befleckt viele Seelen, da sie die Abtreibung oder jene, die für die Abtreibung sind, unterstützen.

Jesus
Wer das Töten anderer begrüßt, heißt das Böse in seinem Leben willkommen. Dieses Böse müssen sie womöglich auf ewig erleiden.

Versuchungen

Gott Vater
Lass dich nicht zu selbstsüchtigen Gedanken verleiten durch die Versuchungen, die der Böse dir vor Augen stellt. Konzentriere dich immer darauf, wie Mein Sohn Jesus anderen diente und andere sich selbst vorzog. Tu dann dein Möglichstes, es Ihm gleichzutun, und vergiss nicht, um die nötige Gnade zu beten.

Jesus
Wenn die Versuchungen des Bösen auftreten, konzentriere dich nicht auf sie. Versuche darüber hinaus zu schauen und konzentriere dich auf Meine Liebe, denn in Meiner Liebe wirst du die Kraft finden, jeder Versuchung zu widerstehen.

Die Versuchungen des Bösen sind nicht immer offensichtlich, darum bete um die Gnade, sie als das zu erkennen, was sie sind.

Ein diszipliniertes Herz ist vonnöten, um Mir nachzufolgen und nicht auf die Versuchungen des Bösen hereinzufallen; ein Herz, das von der Liebe diszipliniert wird.

Terrorismus

Gott Vater
Niemand, der in Meinem Namen Terror sät, tut Meinen Willen, noch findet er Mein Wohlgefallen, denn diese Menschen tun den Willen des Bösen, der wahrhaftig über sie erfreut ist.

Jesus
Terroristen gefallen dem Bösen, nicht Gott. Ganz gleich, was die Ursache sein mag: Terrorismus ist nie gut und niemals wirklich zu rechtfertigen.

Hl. Teresa von Avila
Im Lauf der Geschichte haben Menschen einander getötet, oft aus geringstem Anlass. Heute gibt es viele, die mit dem Übel des Terrors zu tun haben und töten, wen immer sie können. Diese Terroristen glauben oft, sie seien Freiheitskämpfer, doch sie verstehen nicht, dass es in der Sünde keine Freiheit gibt. Manchmal behaupten diese verwirrten Menschen, es für Gott zu tun oder dass es Gottes Wille sei.

Wie töricht sind sie, sich so leicht vom Bösen betrügen zu lassen, und wie sehr wird es ihnen leid tun, wenn sie vor Gott stehen! Diese Menschen sollten verstehen, dass Gott das Leben schätzt und es verabscheut, wenn das Leben genommen wird, ganz gleich, aus welchem Grund oder aus welcher Glaubensüberzeugung heraus dies geschieht. Menschen, die Terror säen, sollten ebenso verstehen, dass sie es sind, die auf ewig leiden werden, wenn sie nicht umkehren und ihre Haltung ändern.

Wer eine Todsünde begeht für sein Land, für seinen Glauben oder aus Rache, den wird es die Seele kosten – kein Land ist dies wert! Jeder Glaube, der dies von einem verlangt, kommt nicht von Gott, und jegliches Vergnügen, das man an der Rache finden mag, wird kurz sein, wohingegen das Leiden ewig dauern wird. Freiheit kommt nur in Gott, und wenn du Sein Gebot „Du sollst nicht töten" absichtlich brichst, wirst du erleben, dass nur die Sklaverei in der Hölle auf dich wartet. Kommt zur Vernunft, ihr, die ihr tötet, und sucht die Vergebung Gottes, bevor es zu spät ist!

Jeremia 25,32 – *Seht, Unheil schreitet!*

Die Kirche

Jesus

Das Böse hat Mich nie überwunden und wird niemals Meine eine, heilige, katholische und apostolische Kirche überwinden.

Mutter Maria
Wenn ein Mensch dem Willen Gottes und Seiner heiligen, katholischen und apostolischen Kirche gehorsam ist, gibt es nichts, was das Böse tun kann, um den Menschen davon abzuhalten, Seelen zu Gott zu bringen.

Wenn ein Mensch versucht, so zu leben, wie mein Sohn Jesus es erbittet, wird die Welt versuchen, ihn aufzuhalten, weil der Böse durch die Welt wirkt.
Wenn aber ein Mensch meinem Sohn Jesus nahebleibt in den Sakramenten, durch die Heilige Schrift, im Gebet und im Gehorsam gegenüber Seiner einen, heiligen, katholischen und apostolischen Kirche, wird die Welt diesen Menschen weder aufhalten noch einkerkern können, weil er frei und unaufhaltsam sein wird in der Liebe und Gnade meines Sohnes Jesus.

Hl. Agnes
Obwohl die Menschheit im Wind des Bösen schwanken mag, muss die Kirche beständig bleiben in der Liebe zu Gott und im Gehorsam gegenüber Seinen Geboten.

Philipper 1,27+28 – *(Damit) ihr in „einem" Geist steht und einmütig mit uns kämpft für den Glauben des Evangeliums und euch in keinem Stück erschrecken lasst von den Widersachern.*

Hl. Edmund
Heute wird der Glaube, der von Gott selbst gegeben wurde, von allen Seiten angegriffen. Hab aber keine Angst, dass der Glaube erliegt. Der universale Glaube der

einen, heiligen, katholischen und apostolischen Kirche, der Glaube der Wahrheit, kann nicht überwunden werden, weil er von der Macht Gottes erfüllt ist – einer Macht, die niemand besiegen kann. Die Gläubigen von heute sind aufgerufen, in der Wahrheit zu stehen, die unser Herr Jesus uns gab, und an Seine siegreiche Liebe zu glauben, nichts Böses zu fürchten und alle Kreuze zu tragen, die Er den Gläubigen in Seiner Barmherzigkeit geben mag. Dadurch werden die Gläubigen Gott verherrlichen und in dieser Verherrlichung werden viele Seelen der Verlorenen berührt und ebenfalls in Seine Herrlichkeit gebracht werden.

Johannes 12,15 – *Fürchte dich nicht …*

Jesaja 4,5 – *… denn über allem liegt als Schutz und Schirm die Herrlichkeit des Herrn.*

Das Gesicht des Bösen

Jesus

Das Böse hat viele Gesichter, und jedes von ihnen ist wirklich schrecklich, obwohl es manchmal nicht so scheinen mag.

Der Heilige Geist

Das Böse kommt in vielerlei Form,
doch keine davon dient dem Wohl der Menschheit.

Mutter Maria

Zeige im Angesicht des Bösen immer Liebe,
und du wirst immer als Sieger daraus hervorgehen.

Im Griff des Bösen

Jesus

Der Böse wird alles Mögliche dafür tun, Menschen in seine Klauen zu ziehen. Darum müssen die Menschen in all ihrem Tun darum besorgt sein, auch nicht das geringste Böse zu akzeptieren, weil sonst das Böse ihrer habhaft wird.

Wenn es keinen Weg gibt, die Menschen vom Sündigen abzuhalten, obwohl du es nach Kräften versucht hast, dann bete für sie und bete darum, dass ihre Seelen nicht vom Bösen genommen werden.

Das Böse hält an der Welt fest,
weil die Menschheit es ständig dazu einlädt.

Bis die Welt es schätzt und akzeptiert, dass Gott die Welt in Seinem einzigen Sohn besucht hat, und dass der Vater und Ich und der Heilige Geist der eine wahre Gott sind, wird das Böse die Welt im Griff haben.

Der Heilige Geist

Das Böse wird die Menschheit im Griff haben,
bis die Welt Meine Liebe umarmt.

Mutter Maria
Lass nicht zu, dass das Böse dich zu Erinnerungen an die Sünde verleitet, weil man in diesen Erinnerungen leicht in sündige Gedanken und Begierden gezogen wird.

Das Böse treibt Menschen in den Wahnsinn, da jeder, der bereitwillig Böses akzeptiert, wirklich nicht ganz gesund ist.

Die Herrschaft des Bösen

Gott Vater
An diesem geheiligten Vorabend (engl.: hallowed eve, Halloween) mag das Böse viele Feierlichkeiten beherrschen. Denke aber daran, dass Meine Liebe auf ewig über alles herrscht, und das Böse wird sie nicht für einen Moment überwinden. Dies ist wirklich eine Feier wert!

Jesus
Wenn das Böse auf Erden zu herrschen scheint, denke daran, dass es das nicht tut und nie tun wird, denn Meine Liebe ist es, die über alles regiert und immer regieren wird.

Das Böse mag in der Welt einen herausragenden Platz einnehmen und vielen Menschen Schaden zufügen. Denke jedoch daran, dass Meine Liebe als Sieger über das Böse hervorgeht und alle heilen kann, die vom Bösen verletzt worden sind.

Wenn das Böse im Herzen eines Menschen regiert, leidet nicht nur er und alle um ihn herum, sondern auch die ganze Menschheit, da der Böse sich auf das Gleichgewicht zwischen Gut und Böse in der Welt auswirkt.

Das Böse wird einmal aufhören,
Meine Liebe aber wird das nie.

Mutter Maria
Die Gier grassiert in der Welt, und deshalb kann das Böse ungehindert in vielen Herzen herrschen.

Das Böse regiert in den Herzen der Sünder, die nicht umkehren, und wird in Ewigkeit über sie herrschen, wenn sie sich nicht ändern.

Das Wort Gottes

Gott Vater
Wenn die Menschen Meine Worte lesen, vergessen sie häufig, über deren wahre Bedeutung nachzudenken, und gönnen jedem Wort nur einen flüchtigen Blick. Wie wichtig ist es doch, sich Zeit zu nehmen und darüber nachzudenken, was jeder Satz aussagt und was er im Leben eines Menschen bedeutet! Die Menschen sollten Meinen Heiligen Geist bitten, sie in ein tieferes Verständnis der Worte einzuführen, die Ich der Menschheit gebe, damit diese Worte in ihrem Leben lebendig werden können.

Meine Worte sind lebendige Worte, doch die Menschen können ihnen gegenüber absterben, wenn sie nicht in die Tat umsetzen, was Ich sage.

Was Ich der Menschheit gebe, ist nur Gutes. Was ich der Menschheit gebe, dient nur ihrer Veredelung. Was Ich der Menschheit gebe, wird alles in Liebe gegeben.

Die Menschheit sollte das akzeptieren, was Ich in Liebe schenke, und dann in Liebe auf das hin reagieren, was Ich gegeben habe. So oft tun die Menschen dies nicht. So oft lesen sie, meinen zu verstehen und tun wenig oder nichts von dem, worum Ich gebeten habe. Das ist alles andere, aber kein Verstehen!

Im Lauf der Geschichte habe Ich der Menschheit Meine wegweisenden Worte geschenkt, doch häufig hat die Menschheit nicht darauf gehört, und die Folgen können alle sehen. Schmerz, Leiden, Böses und Sünde grassieren in der Welt, wo stattdessen Liebe, Frieden und Hoffnung herrschen sollten.

Die Menschen sollten auf Mich, ihren himmlischen Vater, hören und den Rat befolgen, den Ich ihnen gebe. Wenn sie dies tun, wird das Leben zu dem guten Leben, als das Ich es geschaffen habe. Meine Worte, Mein Rat und Meine Hilfe sind für alle Menschen da, und für jeden Menschen gilt die gleiche Botschaft: Mich, euren Gott, über alles zu lieben und einander so zu lieben, wie Ich euch durch Meinen Sohn Jesus geliebt habe.

Es ist eine sehr klare Richtlinie, und doch scheint sie vielen verborgen hinter einer Wolke des Stolzes und der Selbstsucht. Manchmal verdunkelt diese Wolke die Botschaft vollkommen, und es ist nur noch der Dunstschleier der Sünde und des Bösen zu sehen.

Noch einmal sage Ich Meinen Kindern auf Erden: Befolgt diese Worte der Liebe und lebt ein gutes, ein glückliches und erfülltes Leben! Noch einmal sage Ich Meinen Kindern auf Erden: Ich liebe euch und Ich will euch auf ewig bei Mir haben. Noch einmal sage Ich Meinen Kindern auf Erden: Hört auf euren Vater, der euch erschaffen hat und der weiß, was das Beste für euch ist. Hört, Meine Kinder, hört!

Jesus Sirach 42,18 – *Menschenherz durchforscht er und er kennt alle ihre Geheimnisse. Der Höchste hat Kenntnis von allem.*

Werkzeug des Bösen

Jesus

Missgunst und Neid sind ein teuflisches Werkzeug des Bösen, das nicht nur den Missgünstigen verletzt, sondern auch andere. Der Böse gibt sein Unrecht nicht zu, da er keinen Grund dafür sieht; er sieht nichts, das er bereuen müsste. Missgunst und Neid öffnet ein Herz dem Bösen.

Wahre Macht

Gott Vater

Der Böse kann niemanden überwinden, der Mich wirklich liebt, weil dessen Liebe unüberwindlich ist.
Der Böse kann Menschen, die Meinen Sohn Jesus wirk-

lich lieben, nicht verführen, weil ihre Liebe in Seiner Liebe stärker ist als alles Böse.

Die Macht Meiner Liebe erhält die ganze Schöpfung, während der Hass des Bösen die Schöpfung hungern lässt, indem er ihr das vorenthält, was sie braucht, um zu existieren.

Jesus
Die Macht eines Tropfens Meines Blutes
ist größer als die Macht alles Bösen.

Die Macht des Bösen mag manchmal so groß erscheinen, doch im Vergleich zur Macht Gottes ist sie überhaupt nichts.

Philipper 3,21 – *(Die) Kraft, mit der er sich alles unterwerfen kann.*

Das Vertrauen in Mich macht dich stärker als das Böse.

Die Gnade, die Ich auf jene ausgieße, die kommen, um Meine eucharistische Gegenwart anzubeten, kann der Mensch nicht messen und wird vom Bösen gefürchtet.

Der Böse hasst die Liebe, weil die Liebe rein, wahr und ein göttliches Geschenk voller Gnade und Macht ist. Die Liebe, die wahre Liebe in Mir, überwindet alles Böse.

Denke daran:
Ganz gleich, wie stark das Böse ist,
Meine Liebe ist stärker!

Hl. Erzengel Michael
Durch die Macht der Liebe Gottes wurde Luzifer aus dem Himmel verstoßen, und durch dieselbe Macht wird er aus dem Leben der Menschen verstoßen werden, wenn sie die Liebe Gottes annehmen und das Böse ablehnen.

Matthäus 8,26 – *Warum habt ihr solche Angst, ihr Kleingläubigen?*

Hl. Apostel Thomas
Der Böse hat keine Zweifel hinsichtlich der absoluten Macht der Liebe Gottes, genausowenig sollten die Menschen an der absoluten Macht der Liebe Gottes zweifeln!

Hl. Ludwig
Macht ohne Mitgefühl ist nichts anderes als Stolz.
Macht ohne Liebe ist nichts anderes als böse.
Macht ohne Gott ist nichts als Schwachheit.

Einheit

Jesus
In wahrer Einheit mit Mir
kann ein Mensch nicht vom Bösen überwunden werden.

Krieg

Gott Vater
Im Krieg wächst die Sünde. Im Krieg gärt der Hass. Im Krieg nimmt das Böse überhand. Ganz gleich, aus wel-

chem Grund: Krieg ist ein Übel, und im Krieg werden Sünde und Hass zur Norm, während das Gute in Vergessenheit gerät. Krieg ist ein schrecklicher Fluch auf Erden, der von allen abgelehnt und nie von jemandem akzeptiert werden sollte.

Krieg ist ein Übel, in dem Lügen, die das Töten rechtfertigen, etwas Alltägliches sind – Lügen, die viele in ihrer Torheit glauben.

Krieg ist weder Mein Weg
noch der Weg Meines Sohnes Jesus
noch der Meines Heiligen Geistes;
Krieg ist der Weg des Bösen.

Jesus
Der geistliche Kampf setzt sich in jedem Moment fort, sei dir also immer der Gegenwart des Bösen bewusst. Sei jedoch geborgen in dem Wissen, dass in Mir das Böse besiegt ist und dass du in Mir Sieger wirst.

Psalm 31,24 – *Seine Getreuen behütet der Herr.*

Der Böse lacht, wenn es Krieg gibt.
Der Böse grinst, wenn Menschenleben verloren gehen.
Der Böse freut sich über das Elend, das der Krieg in das Leben der Menschen bringt, weil er weiß, dass der Böse der einzige Sieger sein wird, ganz gleich, wie das Resultat aussehen mag.

Baruch 3,4 – *So hat sich das Unheil an uns geheftet.*

Wenn der Friede in der Welt herrscht, wird das Böse besiegt und das Leben glücklich sein. Wenn die Liebe in der Welt herrscht, wird der Hass verschwinden und Kriege werden enden. Wenn Meine Liebe herrscht, wird der Friede auf Erden kommen und die Menschen werden das glückliche Leben führen, das ihnen bestimmt war.

Psalm 115,15 – *Gesegnet vom Herrn.*

Im Krieg hat das Böse freie Bahn.

Im Krieg erreicht das Böse sein Ziel,
selbst wenn es scheint, als habe das Gute gewonnen.

Der Friede ist Mein Weg,
der Krieg ist der Weg des Bösen.

Zu glauben, dass Krieg die Lösung für Probleme sei, bedeutet zu glauben, dass das Böse Probleme lösen kann. Stattdessen sollte man erkennen, dass das Böse die Probleme nur schafft und vergrößert.

Der Heilige Geist

Wer Krieg führt, läuft in die Arme des Bösen.
Die Menschen müssen den Geist des Friedens annehmen, nicht den Geist des Krieges. Denn es ist der Geist des Krieges, der aus dem Geist des Bösen kommt. *Ich Bin* der Heilige Geist des Friedens, nehmt Mich an!

Schwachheit

Gott Vater
Das Böse ist nur stark, wenn die Menschheit schwach ist.

Jesus
Wenn der Geist müde ist, strengt sich das Böse an, einen Menschen durch seine Schwachheit in die Sünde zu führen. Sei dir dessen bewusst, um das Sündigen zu vermeiden!

Ein schwacher Mensch ist ein Mensch,
der dem Bösen und der Sünde erliegt.

Niemand kann Mir je vom Bösen genommen werden,
außer wenn derjenige es zulässt.

Angesichts Meiner Liebe und angesichts der Liebe derer,
die Mir wirklich ergeben sind, ist das Böse schwach.

Mutter Maria
In der Liebe zu Gott kann ein Mensch,
ungeachtet seiner Schwachheit, alles Böse überwinden.

Der Böse bringt gute Menschen dazu, Schlechtes zu tun, indem er sich ihrer Ängste, ihrer Begierden und Schwächen bedient. Gott bringt schlechte Menschen dazu, Gutes zu tun, indem Er darauf hinwirkt, ihre Ängste zu überwinden, ihr wahres Verlangen zu erfüllen und ihre schwachen Seelen zu stärken.

Hl. Teresa von Avila
Stehe fest in deiner Liebe zu Gott und wisse, dass das Böse nichts tun kann, um deine Liebe zu zerstören. Nur du selbst kannst sie zerstören, wenn du dem Bösen erliegst.

Erlittenes Unrecht

Gott Vater
Wenn andere dir Unrecht tun, denke daran, ihnen zu vergeben, und suche keine Rache, denn sonst tust auch du Unrecht, und das Böse gewinnt.

Wenn andere dir Unrecht tun, reagiere darauf, indem du nur das Rechte tust, so dass das Böse dich nicht in sein Sündennetz zieht.

Durch das Kreuz erlöst

Mein erster Seelenführer, Pfarrer Dickinson, schlug vor, dass ich dieses Erlebnis mit anderen teile, obwohl ich persönliche Erfahrungen dieser Art für gewöhnlich nicht öffentlich mache.

Während der heiligen Messe sagte der Herr zu mir: „Komm zum Kreuz durch die Eucharistie." In der Beichte bat mich Pfarrer Dickinson dann, ein Gesätz des Rosenkranzes zu beten und über die Kreuzigung zu meditieren.

Ich spürte den Schmerz, erkannte aber auch, dass in jeder heiligen Messe das Opfer Jesu gegenwärtig ist. Ebenso erlebte ich, dass Jesus, wenn Er mit mir in der Kommunion vereint ist, mich nicht nur tief in Sein Herz zieht und mit Seiner Liebe erfüllt, sondern dass Er mir überdies erlaubt, mich mit Ihm am Kreuz zu vereinen.

Ich schaute im Brot und Wein Jesus, der am Kreuz blutete. Wenn ich mein Herz öffnete in dem Verlangen, Ihn mehr zu lieben, zeigte Er mir Seine Liebe vom Kreuz herab wieder auf eine andere Weise. In jeder Eucharistie, die das Opfer Jesu vergegenwärtigt, sah ich, dass ich es durch Seine Gnade mit Ihm durchleben konnte.

Von diesem gewandelten Brot zu essen und von diesem gewandelten Wein zu trinken, so wurde mir klar, hieß auch bereit zu sein, das Kreuz in meinem Leben zu tragen, auf welche Weise auch immer Jesus es mir anbot. Ich erkannte: Wenn ich in jeder Eucharistie Jesus das Kreuz aufopferte, das ich trug, würde es mich Seinem Leiden und einem tieferen Erleben Seiner Liebe näher bringen.

Kreuze annehmen

Gott Vater

Jedes Kreuz, ganz gleich, wie klein es auch sein mag, kann einen Menschen für große Gnaden öffnen, wenn er sein Kreuz annimmt aus Liebe zu Meinem Sohn Jesus und es Mir in Liebe darbringt durch die Gnade Meines Heiligen Geistes.

Viele Kreuze werden den Wenigen gegeben, die bereit sind, sie zu tragen, doch dann werden auch viele Gnaden geschenkt.

Jesus
Nimm deine Kreuze in Liebe an,
so wie Ich das Meine in Liebe angenommen habe.

Nimm deine Kreuze in Liebe und Dankbarkeit an
und wachse in der Gnade.

Jedes Kreuz im Leben kann eine Gnade sein oder eine Last. Die Menschen haben die Wahl: Nehmt es in Meiner Liebe an, und es ist eine Gnade; lehnt es ab im Stolz, und es wird zur Last.

Der Heilige Geist
Lehne kein Geschenk ab, das andere dir in Liebe darbringen. Nimm es in Liebe an, selbst wenn es ein Opfer für dich ist. Bring dieses Opfer in Liebe Jesus am Kreuz dar und nimm von Ihm in Liebe jedes Kreuz an, das du vielleicht tragen musst, auch wenn es in der Großzügigkeit anderer begründet ist.

Hindernisse

Hl. Benedikt
Der Böse mag versuchen, den Weg zum Himmel zu blockieren, doch mit dem Kreuz Christi als deiner Waffe kannst du jedes Hindernis beseitigen, das der Böse dir in den Weg legt.

Segen

Gott Vater

Sei dankbar für jedes Kreuz,
denn in jedem liegt ein wahrer Segen!

Denke daran: Jedes Kreuz, das du trägst, ist ein Segen, der dich für weitere Gnaden öffnet, wenn du es bereitwillig und in Liebe trägst.

Jedes Kreuz ist ein Segen, kein Fluch, denn jedes Kreuz ist ein Schlüssel zu noch mehr Gnaden, wenn ein Mensch sein Kreuz in Liebe annimmt und es Mir in Liebe darbringt zum Wohl anderer.

Jesus

Von Mir ein Kreuz geschenkt zu bekommen,
ist tatsächlich ein großer Segen.

Wenn du Meinen Kreuzweg zu deinem Lebensweg machst,
wirst du wahrhaftig gesegnet werden.

Lass jedes Kreuz zum Segen werden,
indem du es Mir in Liebe aufopferst.

Betrachte dein Wirken für Mich als einen Segen,
nicht als ein Kreuz, ganz gleich, wie schwer es ist.

In jedem Kreuz liegt ein Segen, vergiss das nicht!

Mutter Maria
Mit jedem Kreuz kommt Segen, und wenn die Menschen wirklich hinsehen, werden sie ihn erkennen.

Preise Gott aus ganzem Herzen in Liebe,
selbst für den kleinsten Segen und das größte Kreuz.

Hl. Johannes vom Kreuz
In Christus, unserem Herrn, ist kein Kreuz ein Fluch.
Es ist immer ein Segen.

Blindheit

Jesus
Selbst Mein göttlicher Akt der Liebe am Kreuz reicht nicht aus, um manche Herzen zu erweichen, denn in ihrer Blindheit erkennen sie ihn nicht.

Vom Kreuz herab sah Ich jede Seele, die erschaffen wurde, und Ich erkannte sie. Leider erkannten viele von ihnen Mich nicht.

2 Makkabäer 4,35 – *Nicht nur die Juden, sondern auch viele aus anderen Völkern.*

Das Kreuz tragen

Gott Vater
Trage jedes deiner Kreuze mit Freude in dem Wissen, dass du es aus Liebe zu Mir und aus Liebe für andere tust und

dass du es nicht alleine trägst, weil Mein Sohn Jesus es mit dir trägt.

Hilf anderen immer, wo es möglich ist,
ihre Kreuze zu tragen.

Viele der Kreuze, die du trägst, sind dir in Liebe von Mir geschenkt. Nimm sie aus Liebe zu Mir an!

Es ist die Art und Weise, wie du deine Kreuze trägst, die zeigt, ob du versuchst, Meinen Sohn Jesus nachzuahmen oder nicht. Wenn du sie in Liebe, in Vergebung und in Stille trägst aus Liebe zu Mir und zu den Nächsten, dann trägst du sie so, wie Er Sein Kreuz trug. Wenn du deine Kreuze mit Murren trägst, klagst oder damit Aufmerksamkeit zu bekommen suchst, so denkst du nur an dich und bist Meinem Sohn Jesus in Seinem Leiden überhaupt nicht ähnlich.

Jesus
Wer Mir nachfolgt, für den gehört es dazu, ein Kreuz zu tragen. Für deinen Gauben zu leiden ist ein Weg, Mich nachzuahmen. Aufgrund deiner Liebe zu Mir verfolgt zu werden zeigt, dass du wirklich Mein bist.

Römer 9,33 – *Wer an ihn glaubt, ...*
2 Chronik 18,15 – *... im Namen des Herrn.*

Mit jedem Kreuz, das jemand in Meiner Nachfolge trägt, kommt die Kraft von Mir, es zu tragen.

Wenn du deine Kreuze trägst, denke daran,
dass Ich dich und deine Kreuze trage.

Trage deine Kreuze tapfer und ahme Mich nach.
Trage die Kreuze aus Liebe zu Mir und zu den Nächsten.

Ich trug deinen Stolz ans Kreuz, und in Meiner barmherzigen Liebe biete Ich dir vom Kreuz herab die Kraft an, ihn zu überwinden.

Trage deine Kreuze aus Liebe zu den Nächsten,
so wie Ich das Meine trug.

Wenn du deine Kreuze trägst, denke daran, wie Ich Meines trug. Und denke daran, dass deine Kreuze ein kleiner Teil des Kreuzes sind, das Ich trug.

Mein Kreuz wohnt in jedem Herzen, das Mich liebt, denn jedes Herz, das Mich wahrhaft liebt, sehnt sich danach, sich an Meinem Kreuz festzuhalten und es auf irgendeine Weise mit Mir zu tragen.

Es sind wenige, die Mein Werk verrichten, und es gibt viel zu tun. Deshalb haben die wenigen die vielen Kreuze zu tragen, die alle sich teilen sollten. Durch das Tragen dieser Kreuze werden viele Menschen gerettet werden, und dafür werden die wenigen ihren Lohn erhalten, wenn sie in den Himmel kommen.

Markus 15,21 – *Sein Kreuz zu tragen.*

Jedes Kreuz, das du für Mich trägst, wird dir und durch dich (auch) anderen große Gnade bringen.

Im Leben wird es viele Kreuze geben. Lass Mich sie also mit dir tragen, indem du sie Mir in dankbarer und freudiger Liebe aufopferst.

Durch die Kreuze, die du für Mich trägst,
werden viele Gnaden gewährt.

Es gibt viele Kreuze zu tragen, doch es gibt nicht viele, die sie tragen wollen. Sei einer, der sie tragen will.

Mit jedem Kreuz, das Ich einem Menschen zu tragen gebe, schenke Ich diesem Menschen die Kraft, es zu tragen.

Ich trug nicht nur deine Sünden ans Kreuz,
sondern auch deine Liebe.

Mutter Maria
Mein Sohn Jesus zeigte Seine Liebe zu dir am Kreuz.
Zeige nun deine Liebe zu Ihm in den Kreuzen, die du trägst.

Denke daran: Die Kreuze, die zu tragen Gott dich beruft, sind voller Segen.

Die kleinen Kreuze, die du in Liebe trägst,
bringen aufgrund dieser Liebe große Gnaden.

Die wenigen, die Gott wirklich lieben,
tragen ihre Kreuze in Liebe für die vielen, die es nicht tun.

Hl. Paulus
Denk nicht an die Kreuze, die du trägst.
Denk vielmehr an die Gnaden, die du empfängst!

Philipper 4,23 – *Die Gnade Jesu Christi, des Herrn.*

Hl. Teresa von Avila
Die Kreuze, die zu tragen dich Christus, unser Herr, bittet, mögen schwer sein. Doch die Gnade, die Er dir schenkt, damit du sie in Ihm tragen kannst, ist stark genug, um jedes und alle Kreuze zu tragen.

Hl. Johannes vom Kreuz
Wenn Gott einem Menschen ein Kreuz zu tragen anbietet und wenn der Mensch es bereitwillig und in Liebe annimmt, gießt Gott Gnade aus, die das Gewicht des Kreuzes übersteigt: Gnade für die ganze Welt, so wie Sein Kreuz für die ganze Welt war.

Wenn du glaubst, dass du in fast jedem Moment deines Lebens dein eigenes Kreuz trägst, dann wird das Leben zur Trübsal, statt das wundervolle Geschenk der Liebe zu sein, das es sein sollte.
Wenn du aber glaubst, dass Jesus dein Kreuz mit dir trägt, dann wird die Freude Seiner sich aufopfernden Liebe deine Seele berühren. So wirst du auch in den schwierigsten Zeiten glücklich sein in Seiner Liebe und Seine Liebe in all deinem Tun zeigen, da du entdeckst, welch ein Geschenk Gott dir gemacht hat.

Psalm 107,22 – *Sie sollen ihm Dankopfer weihen, mit Jubel seine Taten verkünden.*

Betrachte jedes Kreuz, das Gott dir schenkt, als ein Kreuz der Liebe und trage es in Liebe, indem du Gott für einen solchen Segen dankst.

Eines der großartigsten Geschenke, die dir gemacht werden können, ist es, in deinem Leben ein Kreuz für Christus zu tragen.

Am Kreuz zeigte Jesus Seine Liebe zu dir.
Wenn du deine Kreuze trägst, zeige deine Liebe zu Ihm.
Titus 2,14 – *Er hat sich für uns hingegeben.*

Hl. Stephanus
Kein Opfer ist zu groß für einen Menschen, der Gott aufrichtig liebt. Und kein Kreuz, das für Ihn und für andere getragen wird, ist eine Trübsal, es ist eine Freude!

Trost

Jesus
Deine Liebe zu kennen, tröstete Mich am Kreuz.
Psalm 119,50 – *Das ist mein Trost.*

Die Unannehmlichkeiten, die du Mir aufopferst, trösten Mich in Meinem Leiden am Kreuz, da dies deine wahre Liebe zu Mir zeigt.

Mut

Gott Vater
Es erfordert Mut, beständig so zu leben, wie Ich es erbitte. Es ist der Mut, den Mein Sohn Jesus Seinen Nachfolgern schenkt in Seiner Liebe, die am Kreuz aufgezeigt wurde.

Schwierigkeiten

Jesus
Wenn die Kreuze nicht schwer wären,
wären es keine Kreuze.

Durch jedes Ringen, durch jedes Kreuz, durch jede Schwierigkeit kann ein Mensch in der Gnade wachsen, indem er aus Liebe zu Mir durchhält.

> Römer 12,1 – *Als lebendiges und heiliges Opfer (...), das Gott gefällt.*

Zeig ein bisschen mehr Verständnis und Wertschätzung für andere und deren Kämpfe sowie ihre Anstrengungen, diese zu überwinden. Denk nicht nur an deine Kreuze!

Jedes Kreuz bringt viele Gnaden.
Denke daran, wenn du dich mit deinen Kreuzen abmühst.
Durch deine Opfer wird viel Gutes erreicht.
Denke daran, wenn du dich mit deinen Kreuzen abmühst.

Es war schmerzhaft, vom Kreuz herab auf die Menschheit zu blicken und zu sehen, wie schwer es für sie war, Mein

Opfer und Meine Vergebung anzunehmen. Doch es war eine Freude zu sehen, dass eines Tages viele es annehmen und Meine Liebe kennen würden.

Wenn es Schwierigkeiten gibt, beklage dich nicht. Stattdessen danke Mir dafür und opfere sie Mir am Kreuz auf. Dann wirst du erleben, dass daraus Gnaden entstehen, nicht Probleme.

Wenn der Tag lang und anstrengend ist,
denke daran, wie Mein Tag am Kreuz war.

Hl. Teresa von Avila
Auf meinen Reisen begegnete ich vielen Hindernissen und Schwierigkeiten. Jedes Mal aber dachte ich an Jesus, wie Er Sein Kreuz auf dem Weg nach Golgota trug, und so fand ich die Kraft weiterzumachen. Tu dasselbe und finde die Kraft, die du brauchst!

Finsternis

Jesus
Ich bin das Licht der Welt, das die Seelen erleuchtet, die in der Finsternis verloren sind. Ich bringe sie in das ewige Licht durch Mein Leiden und Meinen Tod am Kreuz und durch Meine Auferstehung aus dem Grab.

Umarme das Kreuz

Gott Vater
Mir zu dienen, bringt Kreuze.
Umarme sie aus Liebe zu Mir.
Schieb sie nicht weg aus Angst!

Halte fest am Kreuz und halte fest am Leben.

Wenn du jedes Kreuz, das dir gegeben wird, in Liebe annimmst, führt es dazu, dass du offen sein kannst für noch mehr Gnade und dafür, in Gnade zu wachsen.

Das Leiden, das Mein Sohn Jesus am Kreuz ertrug,
war das Leiden für die Sünden der Menschheit.
Die Liebe, die Mein Sohn Jesus am Kreuz zeigte,
war die Liebe Gottes für die sündige Menschheit.
Die Vergebung, die Mein Sohn Jesus am Kreuz anbot, war die Vergebung, die die ganze Menschheit annehmen muss, um in die ewige Liebe Gottes im Himmel zu kommen.

Am Kreuz streckte sich Mein Sohn Jesus den Menschen entgegen in einer Umarmung der Liebe, die die Ewigkeit umfasst.

Jesus
Mit Meiner Liebe, die deine Kraft ist, umarme jedes Kreuz, das zu tragen du aufgefordert wirst, und erklimme jeden Berg auf deinem Weg.

Am Kreuz öffnete Ich Meine Arme, um alle Menschen in Meiner Liebe zu umfassen. In ihrem Leben müssen jene, die Mich lieben, ebenso ihre Arme ausbreiten, um in Meiner Liebe, vereint mit ihrer Liebe, alle Menschen zu umarmen.

Deuteronomium 22,3 – *Ebenso sollst du es (halten).*

Wenn jemand versucht, so zu leben, wie Ich es erbitte, muss er auf Kreuze gefasst sein und sie willkommen heißen, nicht ablehnen.

Halte fest an Meinem Kreuz
und halte fest an deiner Erlösung.

Umarme jedes Kreuz in Liebe.
Schieb es nicht aus Selbstmitleid weg!

Mit jedem Kreuz kommt eine Gnade, und wenn du das Kreuz aus Liebe zu Mir annimmst, werden noch mehr Gnaden geschenkt.

Um anderen wirklich zu helfen, musst du dich selbst verleugnen, so wie Ich es tat, und du musst bereit sein, dein Kreuz so anzunehmen wie Ich.

Jedes Kreuz ist ein Segen. Du sollst es weder fürchten noch wegschieben. Umarme deine Kreuze, wie Ich Mein Kreuz umarmt habe, und Ich werde dir die Gnade schenken, sie mit der Kraft Meiner Liebe zu tragen.

Umarme jedes Kreuz aus Liebe zu Mir und zu den Nächsten und wachse in Meiner Gnade!

Mutter Maria
Das Kreuz sollte in vertrauender Liebe angenommen werden, nicht mit Zweifeln und Angst.

Jedes Kreuz – eine Gnade.
Jedes Kreuz – ein Geschenk.
Jedes Kreuz – ein Zeichen der Liebe.
Wenn du jedes Kreuz in dieser Weise betrachten kannst, beginnst du die Wahrheit zu erkennen, und so umarmst du mir zuliebe freudig jedes Kreuz.

Hl. Johannes vom Kreuz
Am Kreuz Jesu, unseres Herrn, festzuhalten,
bringt keine Trübsal, es bringt wahres Glück ins Leben.

2 Korinther 13,4 – *Zwar wurde Er in Seiner Schwachheit gekreuzigt, aber Er lebt aus Gottes Kraft.*

Lehne die Kreuze nicht ab, die Gott dir gibt.
Nimm sie an aus Liebe zu Gott!

Vergebung

Jesus
Allen Menschen wird Vergebung angeboten, von der Barmherzigkeit Meines Vaters, durch die Gnade des Heiliges Geistes und in Meiner sich opfernden Liebe, wie sie am Kreuz gezeigt wurde.

Alle vergebende Gnade entspringt durch alle Zeit hindurch Meinem Opfer am Kreuz.

Lukas 24,47 – *Damit ihre Sünden vergeben werden.*

Selbst wenn andere Mich verhöhnen:
Zeig ihnen Liebe und Vergebung, wie Ich es am Kreuz tat.

Meine Barmherzigkeit wird allen angeboten.
Meine Vergebung ist für alle da.
Meine Liebe wird allen gezeigt und ist am Kreuz zu sehen.

Mutter Maria
Aus Liebe sein Blut vergießen – dies ist es, was mein Sohn Jesus aus Liebe am Kreuz tat. Er vergoss das kostbare Blut der Vergebung, in dem alle baden sollten, wenn sie den ewigen Frieden finden wollen.

Hl. Helena
Ich fand das Kreuz Christi, bevor ich nach Jerusalem ging. Ich fand es in meinem Herzen, als Jesus mir Seine Liebe zeigte und mir Seine Vergebung anbot.

Vom Kreuz herab

Jesus
Vom Kreuz herab blickte Ich auf die Welt und bot ihr den Frieden in Mir an. Dieses Angebot steht noch und wartet nur darauf, dass die Menschheit es annimmt. Wenn die Welt dies tut, wird sie den Frieden haben, und Meine Liebe wird alle Herzen mit Freude erfüllen.

Lukas 17,30 – *Ebenso wird es an dem Tag sein, an dem sich der Menschensohn offenbart.*

Als Ich vom Kreuz herab auf die Welt schaute, sah Ich all den Schmerz und all die Verletzung, die sich die Menschheit durch die Sünde selbst zugezogen hat. Dann öffnete Ich Mein Herz, um diese Last von Meiner Familie auf Erden zu nehmen. Die Menschheit muss nur zu Meinem offenen Herzen kommen, um in dem Blut und Wasser gereinigt zu werden, das aus Meinem verwundeten Herzen floss. Diese Reinigung ist für alle da, sie ist in den Sakramenten zu finden, in denen Ich in Meiner Barmherzigkeit, in Vergebung und in Liebe die Hände ausstrecke. Dort biete Ich jedem Menschen die Möglichkeit, Vergebung zu finden und erfüllt zu werden von Meinem Leib und Blut und vom göttlichen Wasser Meiner reinigenden Liebe.

Mit Meinen Gaben und Gnaden
kommt Mein Kreuz.

Glaube

Jesus
Mein Opfer am Kreuz vollkommen zu verstehen – dazu reicht ein Leben nicht aus. Doch vollkommen daran zu glauben – dazu reicht es, und das nennt man Glauben.

Geben

Jesus
Am Kreuz gab Ich Mich vollständig für dich hin. In der Eucharistie gebe Ich Mich dir vollkommen. Im Gegenzug bitte Ich nur darum, dass du dein Leben vollkommen Mir schenkst.

Schuld

Gott Vater
Viele Menschen waren verwickelt in die Kreuzigung Meines Sohnes Jesus, nicht nur die, von denen du in der Heiligen Schrift liest. Jeder, der gesündigt hat, trug zum Leiden Meines Sohnes Jesus bei. Die Schuld also den wenigen zuzuschieben, über die geschrieben wurde, ist ungerecht und nicht weise, denn es verbirgt den Anteil, den jeder daran hatte, wenn er sündigte.
Wenn jemand anders für das Leiden Meines Sohnes Jesus zur Verantwortung gezogen wird, ist es für die, die sich nicht schuldig fühlen, viel einfacher, in die Sünde des Stolzes zu fallen und dadurch in immer weitere Sünden

abzugleiten. Alle Sünder haben Anteil an der Schuld, so wie alle Sünder Anteil haben können an der Vergebung, indem sie ihren Anteil an dem Leiden ihres Erlösers erkennen und dann zum Kreuz kommen, um ihre Sünden zu bereuen.

Offenbarung 1,5 – *Er liebt uns und hat uns von unseren Sünden erlöst durch Sein Blut.*

Das Herz Jesu am Kreuz

Jesus

Das Blut vom Himmel, das aus Meiner Seite floss, hielt den Strom des Bösen auf. Das heilige Wasser der Liebe, das aus Meiner Seite floss, sagte der ganzen Menschheit: In Meinem Herzen könnt ihr euch bergen!
Die Gnade Gottes, die von dort, wo Ich am Kreuz hing, herabfloss, sagte allen: Deine Seele muss nicht verloren gehen!

Sacharja 1,16 – *Voll Erbarmen wende Ich Mich Jerusalem wieder zu.*

Als sich Mein Herz am Kreuz öffnete, ergoss sich Meine Barmherzigkeit durch die Ewigkeit hindurch und berührte all jene, die in Not waren, und bot ihnen die Erlösung an. Meine Barmherzigkeit steht jedem Menschen in jedem Moment zur Verfügung, und Ich rufe von Herzen jedem zu: Komm zu Mir und nimm sie an!

Micha 7,18 – *Wer ist ein Gott wie Du, der Du Schuld verzeihst und (...) das Unrecht vergibst?*

Öffne dein Herz in Liebe für alle,
so wie Ich es tue und wie Ich es am Kreuz getan habe.

Am Kreuz enthüllte Ich Mein Herz in Liebe.
Tu durch dein Leiden dasselbe!

Hl. Paulus
Gott öffnete Sein Herz am Kreuz, mit einem lauten Ruf bot Er Seine Liebe an. Im Gegenzug erbittet Er nur, dass die Menschen ihre Herzen öffnen, um diese Liebe zu empfangen und in Seinem Ruf die ewige Seligkeit zu finden.

Hl. Margareta Maria Alacoque
Das Herz des Erlösers ergoss Seine Heiligkeit über die ganze Erde, als es am Kreuz durchbohrt wurde.

Schwere Kreuze

Gott Vater
Wenn die Kreuze schwer zu sein scheinen, denke daran, wie schwer das Kreuz Meines Sohnes Jesus war!

Kein Kreuz ist zu schwer für die,
die Mich wahrhaft lieben und für Meine Liebe leben.

Denke daran: Jedes Kreuz, das du trägst, ist nicht so schwer wie das Kreuz Meines Sohnes Jesus, das Er für die Menschheit getragen hat.

Jesus
Kein Kreuz wird für die,
die Mich wahrhaft lieben, zu schwer sein.

Kein Kreuz sollte zu schwer sein für einen, der Mir nachfolgt, wenn er Mir wirklich vertraut und auf Meine Kraft baut, um sein Kreuz zu tragen.

Wenn die Kreuze schwer sind, denke daran,
den Heiligen Geist um Hilfe zu bitten.

Wenn ein Mensch Mich mit wahrer Liebe liebt, dann ist kein Kreuz zu schwer, um es aus Liebe zu Mir zu tragen.

Wenn die Kreuze schwer sind, kannst du zeigen, wie stark deine Liebe zu Mir ist, indem du Mir von Herzen für sie dankst.

Wenn die Kreuze schwer sind,
denke daran, dass Meines schwerer war.

Wenn du dein Bestes für Mich gibst und dies dir schwere Kreuze einbringt, so wisse, dass das Beste dich in der Ewigkeit bei Mir erwartet, und nimm deine Kreuze freudig an in dem Wissen über das, was kommen wird.

Wenn ein geliebter Mensch im Tod von dir scheidet, tut es weh, weil du ihn liebst. Betrachte diesen Schmerz daher als einen Teil der Liebe, als ein Zeichen der Liebe und als die Wahrheit der Liebe, nicht als eine zu schwere Last oder ein zu schweres Kreuz.

Wenn die Kreuze schwer sind, denke daran, wie schwer Meines war. Wenn die Kreuze schwer sind, denke daran, dass Meines schwerer war.

Wenn die Kreuze schwer sind, kannst du zeigen, wie stark deine Liebe zu Mir ist, indem du Mir von Herzen für sie dankst.

Wenn du zulässt, dass kleine Kreuze zu großen werden, wirst du dich selbst niederdrücken durch schwere Kreuze und unnötige Lasten.

Wenn du das schwerste Kreuz aus Liebe zu Mir annimmst, ahmst du Mich nach, da Ich das schwerste Kreuz aus Liebe zu dir angenommen habe.

Die Tragödien des Lebens sind Teil des Lebens, doch die Art, wie ein Mensch damit umgeht, bestimmt, wie der Mensch weiterlebt. Wenn man sich ihnen mit Gott stellt, ist das Leben nicht erfüllt von Trauer, Bitterkeit oder dem Durst nach Rache. Wenn man sie angeht und dabei im eigenen Ich verhaftet bleibt, kann das Leben zu einem schweren Kreuz werden, zu schwer für die betreffende Person und die, die mit ihr in Kontakt stehen.

Mutter Maria
Die Kreuze, die du trägst, mögen schwer erscheinen, doch verglichen mit dem Kreuz meines Sohnes Jesus sind sie wirklich leicht.

Hl. Johannes vom Kreuz
Kein Kreuz ist zu schwer für diejenigen, die Jesus, den Herrn, wirklich lieben und wirklich bereit sind, aus Liebe für Ihn Opfer zu bringen.

Kein Kreuz ist zu schwer, wenn du es in der Liebe zu unserem Herrn Jesus Christus trägst.

Hl. Andreas
Im Kreuz Jesu liegt einer der größten Segen der Liebe Gottes. Leider glauben so viele nicht daran und erkennen deshalb nicht, dass ihnen dies ein schweres, ewiges Kreuz einbringen wird.

Hl. Franz Xaver
Gott zu dienen, ist eine Gnade, die einem Menschen in Liebe gewährt wird. Gott zu dienen, ist ein Zeichen dafür, wie sehr sich Gott um einen Menschen kümmert und wie sehr Er ihm Sein Werk anvertraut. Gott zu dienen, mag manchmal wie eine schwere Last erscheinen. Denke jedoch in solchen Momenten daran, dass Gott einem Menschen diese Gnade schenkt, damit er belohnt werde mit Seiner ewigen Liebe. Dann ist gewiss kein Kreuz zu schwer und keine Last zu schwierig zu tragen!

2 Korinther 9,17 – *Wäre es mein freier Entschluss …*
Jesaja 58,9 – *Wenn du dann rufst, wird der Herr dir Antwort geben, und wenn du um Hilfe schreist, wird Er sagen: Hier bin Ich.*

Karwoche und Karfreitag

Jesus

Richte dich in dieser heiligen Woche auf Mein Kreuz aus und auf die Liebe, die Ich für die Menschheit zeigte. Erkenne dann, wie du in deinen Kreuzen dasselbe tun kannst.

Mutter Maria am Karfreitag

Die Qualen des Kreuzes wurden belohnt
durch die Erlösung der Seelen.

Genesis 49,24 – *Das kommt vom Starken (Gott).*

Es brach mir das Herz, als ich meinen Sohn Jesus sah, wie Er vor meinen Augen am Kreuz litt und starb. Es brach mir das Herz, als ich sah, wie die Menschheit ihren Erlöser tötete. Es brach mir das Herz, als ich hörte, wie die Menschen ihren Gott beschimpften und ablehnten.

Als ich dann auf Jesus schaute, wusste ich, dass dies vorherbestimmt war und dass viele Menschen durch mein gebrochenes Herz das Heiligste Herz meines Sohnes Jesus und darin ihre Erlösung finden würden.

Da begann ich, Tränen der Freude wie auch Tränen der Trauer zu weinen, und ich dankte Gott für Seine Barmherzigkeit und für Sein wundervolles Geschenk.

Jesus Sirach 7,15 – *Denn von Gott ist sie (es) zugewiesen.*

Demut

Jesus

Demütige dich vor anderen, wenn du Mich nachahmen willst, denn das ist es, was Ich am Kreuz tat.

Nimm deine Kreuze in Demut an,
denn der Stolz wird sie nur schwerer machen.

Der Stolz der Menschheit nagelte Mich an das Kreuz, und Meine Demut überwand das Kreuz und offenbarte die Gnade, um zu zeigen, dass demütige Liebe mächtiger ist als stolzer Hass.

Mutter Maria

Denke daran, dass in den Kreuzen, die jemand trägt, große Gnaden enthalten sind, wenn der Mensch sie in der Liebe sucht, die demütig ist und Gottes Willen annimmt.

Im Garten

Jesus

Im Ölgarten erduldete Ich all das Leiden der Menschheit, da Ich es in barmherziger Liebe annahm und es mit ans Kreuz trug, damit die Menschheit durch Mein Kreuz getröstet und geheilt werden und Vergebung erfahren konnte.

Im Ölgarten öffnete Ich Mein Herz und nahm all die Sünden der Menschheit tief in es hinein. Dann legte Ich Mein liebendes Herz um all den Schmerz, um all das Durcheinander, um all die Verwirrung, um all die Verletzungen und um all den Hass. In Liebe schwitzte Ich Tröpfchen Meines kostbaren Blutes, bevor Ich all dieses Böse auf Mich nahm, indem Ich die Pein und Qual des Kreuzes erduldete bei Meinem Sieg über alles Böse.

Mein Herz blieb offen für alle Menschen, und wenn die Menschen ihr Herz in das Meine legen, wird sich Mein liebendes Herz um ihr Herzen legen und es vor allem Bösen schützen, da sie sich mit Meinem liebenden Sieg über das Böse vereinen.

Im Garten wusste Ich um die Sünden eines jeden, und Ich trug all ihren Schmerz. Dann, am Kreuz, überwand Ich in Meinem Schmerz alle Sünde. Als Ich starb, streckte Ich Mich nach jedem aus und bot allen die Erlösung in Mir an. Und mit Meiner Auferstehung rufe Ich alle Menschen auf zu einem neuen Leben in Mir auf ewig.

Hl. Apostel Petrus

Im Ölgarten öffnete der Herr Jesus Sein Herz und Seine Seele und nahm das Leiden der ganzen Menschheit in sich hinein. Deshalb können sich alle Menschen in ihrem Leiden an den Herrn Jesus wenden und sich mit Ihm vereinen im Ölgarten, indem sie zulassen, dass Sein Friede und Seine Kraft in sie eingeht. Dann werden sie erleben, dass der Herr Jesus sie trägt, so wie Er das Kreuz nach Golgota trug, und dass Er sie ihre Kreuze nicht allein tragen lassen wird. Sie werden auch erkennen, dass sie sich, wenn sie dem Tod ins Auge sehen, an den Herrn wenden können, der am Kreuz darauf wartet, sie in Seiner Liebe zu umarmen, sie in Ihm auferstehen zu lassen und sie in Seiner Liebe zum Himmel zu erheben.

Hl. Theresia von Lisieux

Im Ölgarten nahm der Herr die Sünden der ganzen Menschheit in Sein Herz. Er nahm all den Schmerz und das Leiden selbst der schrecklichsten Sünden auf sich. Deswegen schwitzte er Tränen der Liebe für die Menschen, indem Sein heiliges Blut aus Seiner Haut strömte. Bei jedem Geißelhieb schnitten die körperlichen Sünden der Menschheit in das göttliche Fleisch ein und legten die tiefe Liebe Gottes bloß.

Als die Dornen sich in das Haupt des Heiligen bohrten, brachten all die sündhaften Gedanken der Menschheit ein Rinnsal der Barmherzigkeit hervor, an dem alle teilhaben können.

Das Gewicht des Kreuzes beinhaltete all die geistlichen Sünden der Menschheit, die Gott ablehnten, was den Herrn jedoch nicht davon abhielt noch davon abhalten konnte, sie aus Liebe zu den Menschen zu tragen.

Ja, die Sünden waren so schwer, dass Er niederfiel. Doch in der Kraft Gottes stand der Herr auf und trug weiterhin selbst die schwersten Sünden für die, die Er liebte.

Am Kreuz, als der Herr erhöht wurde, hob Er die Sünden der Menschheit mit Ihm und in Ihm empor, den Vater anflehend, Sein Opfer anzunehmen und der Menschheit ihr Unrecht zu vergeben.

Mit einem offenen Herzen wusch Er die Welt in Seinem Leiden und bot allen in und durch Ihn die Vergebung an.

In der Herrlichkeit der Auferstehung zeigte der Herr

sodann die Wahrheit Seiner Gottheit und die Wahrheit Seiner Einladung an alle, sich Ihm und Seiner ewigen Liebe im Himmel anzuschließen – eine Wahrheit, die alle glauben und auf die sich alle einlassen sollten.

Ein Blick zum Kreuz

Jesus
Die Liebe, die Ich am Kreuz zeigte, zeigte Ich allen. Doch leider sehen und erkennen sie nicht alle.

Schau auf zum Kreuz und sieh, wie Ich alles, was *Ich Bin,* bereitwillig und in Liebe hingab.

Schau jedes Kreuz, das dir gegeben wird, mit Liebe an, denn so habe Ich Mein Kreuz angeschaut.

Hl. Apostel Johannes
Die Liebe Gottes ist geheimnisvoll und wunderbar. Es ist ein Geheimnis, das die Menschheit auf Erden nie verstehen kann, das sie aber betrachten und bestaunen kann, sooft sie zum Kreuz blickt.

Hl. Maria Magdalena
Zuzusehen, wie der Herr Jesus litt und starb, war das Schwerste, was ich in meinem Leben tun musste. Doch als ich in Seine Augen sah, als Er am Kreuz hing, goss Er die Kraft auf mich aus, die ich brauchte, um das schreckliche Leid zu ertragen, das ich empfand. Er wird dasselbe tun für alle, die in ihrem Schmerz in Liebe zu Ihm am Kreuz

blicken, um die Kraft und Hilfe zu suchen, die nur Er schenken kann.

Liebe zum Kreuz

Jesus
Die wahre Liebe ist es, die die Menschheit über das Böse erhebt, weil das Böse die wahre Liebe nicht kennen, in wahrer Liebe nicht existieren und die wahre Liebe nicht überwinden kann. Ich bin die wahre Liebe, und am Kreuz zeigte Ich Meine Liebe. Zeige Mir nun in deinem Leben die Deine!

Hl. Apostel Johannes
Der Erlöser der Welt hing am Kreuz und schrie Seine Liebe für alle Menschen hinaus.

Der Erlöser der Welt hing in Todesqual am Kreuz, das Leid tragend, dessen Ursache die Sünden aller Menschen sind. Der Erlöser der Welt hing bis zum Tod am Kreuz, um allen Menschen zu zeigen, dass Er sie liebte und dass Er in Seiner Liebe bereit war, all ihr Leiden zu tragen und ihnen ihre Sünden zu vergeben. Im Gegenzug bittet Er nur darum, dass die Menschen Ihn lieben.

Hl. Johannes vom Kreuz
Die Liebe, die der Herr Jesus am Kreuz zeigte, ist sowohl göttlich als auch menschlich. Obwohl die Menschen diese göttliche Liebe für die Mitmenschen nicht haben können, so können sie doch diese menschliche Liebe haben und sie

anderen erweisen, wodurch sie unseren leidenden Herrn nachahmen, wenn sie den göttlichen Geist darum bitten, ihnen die Gnade dazu zu schenken.

Johannes 11,36 – *Seht, wie lieb Er ihn hatte!*

Barmherzigkeit

Jesus

Mein Opfer am Kreuz ist ein ewiger Moment, der die Ewigkeit umfasst und sie mit Meiner Barmherzigkeit erfüllt.

Meine Liebe wurde am Kreuz gezeigt
und ist weiterhin in Meiner Barmherzigkeit zu sehen.

Der Heilige Geist

Der wahre Geist des Menschen ist nur mit Hilfe der Barmherzigkeit zu finden, die am Kreuz sichtbar wurde.

Mutter Maria

Das Opfer meines Sohnes Jesus am Kreuz war und ist ein ewiger Moment, der Sein Erbarmen in jeden Moment der Ewigkeit einfließen lässt.

Hl. Benedikt

Ein Kreuz zu tragen, ist ein Geschenk, das Gott macht, damit du an Seiner Barmherzigkeit teilhaben kannst.

Mehr Kreuze

Jesus
Die Sünde bringt viel mehr Kreuze
als das Leben nach Meinem Weg.

Aufopfern

Jesus
Wenn du Mir deinen Kummer am Kreuz aufopferst, kann es dir die Kraft bringen, die du in Zeiten der Traurigkeit brauchst.

Lass den Schmerz in deinem Herzen los, indem du ihn Mir am Kreuz übergibst als eine Opfergabe der Liebe.

Hl. Maria Magdalena
Jeder Mensch auf Erden, ganz gleich, wie gut er erscheinen mag, ist ein Sünder. Und jeder Mensch auf Erden erhält die Möglichkeit, ein Heiliger im Himmel zu sein, indem er die Gnade Gottes in sein Leben einlässt, die Jesus, der Herr, vom Kreuz herab ausgegossen hat.

Verkündigen

Hl. Johannes der Täufer
Der Ruf, die Größe Gottes zu verkündigen, ergeht ausnahmslos an alle, die Jesus nachfolgen.
Die Liebe Gottes allen Menschen zu verkündigen, ist die

Pflicht derer, die Jesus nachfolgen, davon ist niemand ausgeschlossen.
Die Vergebung zu verkündigen, die Jesus allen vom Kreuz herab verkündigt, ist Pflicht aller, die Jesus nachfolgen, niemand sollte es leugnen.

Jesaja 66,14 – *Seine Knechte.*

Epheser 5,30 – *Denn wir sind Glieder Seines Leibes.*

Belohnt

Jesus
Ich werde die Bemühungen der Menschen nicht unbelohnt lassen und werde die Kreuze nicht vergessen, die die Menschen aus Liebe zu Mir tragen.

Mutter Maria
Jedes Kreuz, jedes Ringen, jeder Kampf, alles, was du für Gott auf dich nimmst, wird mit großer Gnade belohnt werden.

Erlösung / Rettung

Gott Vater
Das Kreuz Meines Sohnes Jesus sollte geliebt, verehrt und erhoben werden, denn durch Sein Kreuz können alle Erlösung finden.

Jesus
Wie zur Zeit des Mose, als viele aufgrund der Mühsal in der Wüste in die Sünde fielen, haben heute viele Menschen in einer geistlichen Wüste zu kämpfen und werden in die Sünde gezogen. Wie Mose das Wort Gottes vom Berg herab brachte, um die Sünder zu retten, so sollten Meine Anhänger Mich und Mein vergebendes Kreuz vom Kalvarienberg herab und in die Herzen der Sünder bringen, damit die Sünder in Mir, dem lebendigen Wort Gottes, gerettet werden können.

Als Ich am Kreuz hing, blickte Ich in die Ewigkeit und sah alle, die durch Mein Opfer gerettet werden würden, und es brachte Mir große Freude und Trost. Ich sah auch alle, die die Erlösung in Mir ablehnten, und dies machte Mich sehr traurig und bedrückte Mein Herz schwer. Mit schwerem Herzen rief Ich aus: „Vater, vergib ihnen, denn sie wissen nicht, was sie tun!" Dieser Ruf hallt in Ewigkeit wider und berührt das ewige Herz Meines Vaters, der Seine Barmherzigkeit über die ausgießen will, die darum bitten.

Im Schatten des Kreuzes

Gott Vater
Wisse, dass du im Schatten des Kreuzes geborgen bist!

Jesus
Im Schatten Meines Kreuzes
gibt es eine sichere Zuflucht für alle.

Der Schatten des Kreuzes fällt auf die Welt und bedeckt sie mit Meiner sich opfernden Liebe. Allen, die im Schatten der Liebe stehen, wird Frieden und Geborgenheit angeboten, jetzt und auf ewig.

Hl. Andreas
Der Schatten des Kreuzes bedeckt die Welt, und die, die in Liebe in diesem Schatten stehen, werden den ewigen Frieden finden. Wer dies nicht tut und es ablehnt, wird das ewige Leiden finden.

Das Kreuz Jesu wirft seinen Schatten auf alle Menschen. Das Kreuz Jesu gießt Vergebung auf alle Menschen aus. Das Kreuz Jesu ist ein Zeichen der Liebe für alle Menschen. Die liebende Vergebung Jesu ist für alle Menschen bestimmt, wie Er es viele Male gesagt hat: Nur der Böse zieht das in Zweifel.

1 Timotheus 2,6 – *(Jesus), der sich als Lösegeld hingegeben hat für alle.*

Das Leiden des Herrn und leiden mit dem Herrn

Gott Vater
Als Mein Sohn Jesus am Kreuz litt,
nahm Er all dein Leiden auf sich.

Denke an die zarte Liebe Meines Sohnes Jesus, der an das Kreuz genagelt wurde, und erwarte, dass auch du leiden wirst, wenn du den anderen Menschen Seine zarte Liebe zeigst.

Jesus
Das Kreuz verbindet Himmel und Erde.
Das Kreuz vereinigt göttliches und menschliches Leiden.
Das Kreuz vereinigt Mein himmlisches Leiden mit dem Leiden auf Erden und verbindet den Schmerz eines jeden Menschen mit Meinem Schmerz, indem es aus ihren Kreuzen himmlische Gaben macht.

Weisheit 14,7 – *Denn Segen ruht auf dem Holz, durch das Gerechtigkeit geschieht.*

Mein Opfer am Kreuz war endlich, und doch war es unendlich. Es war endlich, weil es an einem bestimmten Tag zu einer bestimmten Zeit geschah. Es ist unendlich, weil es all das Leiden, all den Schmerz und all die Sünde vom Anfang der Zeit bis zum Ende der Zeit umfasst und allen Menschen Vergebung anbietet. So erfüllt Mein Leiden nicht nur die Zeit, in der es geschah, sondern es erfüllt alle Zeit und die ganze Ewigkeit. Ein göttliches Mysterium …

Am Kreuz trug Ich die Krone des Leidens, wohingegen Ich im Himmel die Krone ewigen Königtums und der Herrlichkeit trage. Alle, die die Krone des Leidens tragen, weil sie Mir folgen und Mich ihren König nennen, werden im Himmel von Mir gekrönt werden mit der ewigen Herrlichkeit.

Wenn du zu leiden hast, weil du Mein Werk tust, verbindest du dich mit Mir am Kreuz.

Niemand, der Mich liebt, sollte das Leiden fürchten. Vielmehr sollte er es bereitwillig in Mir annehmen, so dass er sich mit Meinem Leiden am Kreuz vereinigen kann.

Als Ich am Kreuz litt, goss Ich Meine Liebe auf ewig aus. Als Ich am Kreuz litt, überschüttete Ich die Schöpfung mit Erbarmen. Als Ich am Kreuz litt, rief Ich der Menschheit zu: „Hier *Bin Ich* für euch!“ Am Kreuz der Liebe wurde das Erbarmen Gottes der ganzen Menschheit für alle Zeit angeboten, was zeigt, dass Gott Seine Schöpfung liebt und ihr Sein Erbarmen nicht verweigern wird.

Jeremia 15,19 – *Wenn du umkehrst.*

Die Armen und die Reichen sind beide bedürftig:
Den Armen mangelt es an Nahrung, Geld, Medikamenten, einem Obdach, Sicherheit, Hilfe und Verständnis. Den Reichen mangelt es am Blick für das Leiden der Armen, an einem Herzen für die Armen. Sie bedürfen einer Seele, die bereit ist, für die Armen Opfer zu bringen, und es mangelt ihnen an einem Leben, das sich in den Dienst der Armen stellt. Es mangelt ihnen an Verständnis.
Die Armen bedürfen der Einsicht, dass sie sich in ihrem Leiden mit Mir am Kreuz vereinigen und Anteil haben können an der Gnade, die Ich vom Kreuz herab auf die Welt ausgieße. Es sind Gnaden, die ihnen den ewigen Frie-

den und die Glückseligkeit bei Mir im Himmel erwirken können.
Die Reichen bedürfen der Einsicht, dass sie sich ewige Armut erwerben, wenn sie in der Finsternis der Hölle leiden – außer sie teilen, was sie haben, mit den Armen und machen der Gier und Selbstsucht ein Ende, die im Leben vieler von ihnen regiert.

Deine Liebe auf andere auszugießen – dazu bist du berufen, selbst wenn du leidest. Als Ich am Kreuz litt, überschüttete Ich alle mit Meiner Liebe. Auch du, der du Mir nachfolgst, solltest diesem Weg folgen.

Am Kreuz verherrlichte Ich Gott. Indem die Leidenden ihren Schmerz in Liebe Gott aufopfern, können sie dasselbe tun.

In Meinem Schmerz am Kreuz wusste Ich um deinen Schmerz und nahm ihn in Liebe an, wobei Ich die Gnade ausgoss, damit du deinen Schmerz freudig in Mir tragen kannst, wenn du das möchtest.

Mein Akt der Liebe am Kreuz ist ein Beispiel für alle Menschen, weder Leiden noch Tod zu fürchten, sondern zu wissen, dass in Mir jedes Leiden zu einem Segen werden kann und dass der Tod besiegt ist.

Das Leid der Liebe, das du empfindest, hat Anteil an dem Schmerz der Liebe, den Ich am Kreuz für dich und für alle erduldete.

Mutter Maria
Wenn du Schmerz empfindest und ihn meinem Sohn Jesus am Kreuz aufopferst, hast du, da du den Schmerz mit Ihm teilst, Anteil an Seiner Gnade, um deine Verletzung zu tragen.

Hl. Johannes vom Kreuz
Für Christus zu leiden, ist das größte Kreuz, das ein Mensch empfangen kann, denn es bedeutet, mit Christus, unserem Herrn, eins zu sein am Kreuz.

Hl. Luzia
Es gibt keinen Schmerz, den ein Mensch je erdulden kann, der sich mit dem Schmerz vergleichen lässt, den unser Herr Jesus an das Kreuz und an dem Kreuz trug.

Die Eucharistie

Gott Vater
Satan hat einen Horror vor der hl. Eucharistie, darum versucht er sie aufzuhalten. Er hat einen Horror davor, dass die Menschen von der göttlichen Liebe Meines Sohnes Jesus und von der Macht Seines göttlichen Sieges am Kreuz und in der Auferstehung erfüllt werden. Deshalb tut der Böse alles, um Zweifel und Unglauben hinsichtlich der hl. Eucharistie zu säen. Der Böse will nicht, dass die Welt voller Menschen ist, die in Meinem Sohn Jesus in der Eucharistie leben. Der Böse weiß, dass dadurch noch viel mehr Menschen zur Erlösung in Meinem Sohn Jesus gebracht werden würden, was viele Seelen retten würde.

Jesus
Meine Liebe wurde am Kreuz gezeigt
und ist in jeder Eucharistie zu sehen.

Das Zeichen

Jesus
Mein Kreuz, Mein Zeichen Meiner Liebe für dich und für alle. Mach aus Liebe zu Mir aus deinen Kreuzen Zeichen deiner Liebe für Mich und andere.

Mutter Maria
Das Kreuz ist das Zeichen für Gottes vergebende Liebe, nicht für Gottes Verdammung.

Hl. Johannes vom Kreuz
Das Kreuz – das wahre Zeichen der Liebe.

Wie sehr du den Herrn Jesus liebst,
zeigt sich darin, wie du deine Kreuze für Ihn trägst.

Berührt

Hl. Helena
Wenn das Leben eines Menschen vom Kreuz Christi berührt wird, dann ist sein Leben für immer verwandelt.

Sieg

Gott Vater
Das ewig Gute siegte über das Böse, als Mein Sohn Jesus, der Gute, am Kreuz dem Bösen entgegentrat und das Böse besiegte.

Jesus
Das Böse ist in der Welt auf der Pirsch und glaubt, es könne den Kampf um die Seelen der Menschen gewinnen. Durch Mein Opfer am Kreuz wurde der Kampf bereits gewonnen, und es ist gleich, ob das Böse dies akzeptiert oder nicht – das Böse wurde besiegt. Nur wer sich freiwillig dem Verlierer ausliefert, wird verloren sein.

2 Chronik 35,21 – *Er (wird) dich verderben.*

Es gibt in jedem Leben einen ständigen Kampf zwischen Gut und Böse, und in jedem Kampf wird das Gute triumphieren, wenn sich der Mensch an Mich, an Meine Güte und an Meinen Sieg am Kreuz hält.

Das Böse wurde am Kreuz besiegt, und die Menschen müssen nicht weiter schauen als bis zum Kreuz, um in ihrem Leben den Sieg über das Böse zu erlangen.

Jesaja 66,14 – *So offenbart sich die Hand des Herrn an Seinen Knechten.*

Meine Qual – die Qual der Liebe.
Mein Kreuz – das Kreuz der Liebe.
Mein Tod – der Tod aus Liebe.
Die Qual, die Ich bis zum Tod am Kreuz durchlitt, zeigte,

dass der Tod die Liebe nicht besiegen konnte. Und als Ich am dritten Tag auferstand, zeigte sich, dass die Liebe den Tod besiegt hatte.

Die Freude, der Schmerz, das Leiden: Die Freude über die Rettung der Seelen war trotz des Schmerzes gegenwärtig, als Ich vom Kreuz herab zeigte, wie leidenschaftlich Ich die Menschen liebe.

Titus 2,14 – *Er hat sich für uns hingegeben, um uns von aller Schuld zu erlösen.*

Hl. Johannes vom Kreuz
Am Kreuz wurde das Böse durch die Liebe besiegt.
Im Leben ist es genauso.

Hl. Erzengel Michael
Du kannst vom Bösen nicht besiegt werden, wenn du in wahrer Liebe am Sieg Jesu am Kreuz und an der Auferstehung festhältst.

Verwundet aus Liebe

Jesus
Meine Wunden wurden am Kreuz für alle geöffnet, damit alle durch Meine liebenden Wunden den Weg nach Hause in den Himmel finden konnten.

Meine große Liebe zeigte Ich allen und für alle am Kreuz.

Briefe

Dein Glaube soll dich kennzeichnen

13. August 2008

Häufig weichen Katholiken von ihrer Glaubensüberzeugung ab und passen diese sich selbst und der Welt an, weil ihr katholischer Glaube sich gegen das wendet, was sie wollen, oder gegen das, was ihrer Meinung nach in ihrem Leben geschehen soll. Diese Abweichungen können gering oder groß sein, doch sie alle haben dieselbe Folge, nämlich dass die Überzeugungen dieser Personen nicht mehr katholisch sind, sondern weltlich.

Wahrhaft katholisch sein heißt, nach dem zu leben, was die Kirche lehrt, und nicht seine eigenen Vorlieben der Lehre der Kirche vorzuziehen. Manche haben vergessen, dass der Heilige Geist durch die Kirche über die Fragen des Glaubens, der Moral und des Lebens spricht. Manche haben die Vollmacht, die unser Herr Jesus Christus dem hl. Petrus und durch ihn allen Päpsten gab, vergessen oder sie lehnen diese Vollmacht ab. Stattdessen stellen sie ihre eigene Vollmacht und ihr eigenes Urteil vor das der Kirche.

Eine solche Handlungsweise birgt Gefahren in sich, denn man kann davon ausgehen, dass menschliche Wünsche das Urteil der Menschen beeinflussen und sie dazu bringen können, das zu akzeptieren, was falsch ist. Auch darin spiegelt sich der menschliche Stolz, wenn Menschen glauben, sie wüssten es besser als Gott. Derselbe Stolz, der Luzifer eigen ist!

Als Katholik zu leben heißt, demütig im Gehorsam gegenüber dem Willen Gottes zu leben, wie Gott es durch Seine heilige, katholische und apostolische Kirche aufzeigt. Alles, was darunter bleibt, mindert den Glauben eines Menschen und macht ihn offen für schweren Irrtum und dafür, den Willen Gottes misszuverstehen.

Wahrer Glaube ist gekennzeichnet durch ein vollkommenes Annehmen des Willens Gottes, wie er durch die Zehn Gebote und die Lehren der Kirche erläutert wird, auch wenn man deren Hintergründe nicht versteht. Nur dem zu folgen und nur das zu akzeptieren, was man versteht, hinterlässt eine große Lücke im Glauben, wenn der Stolz sagt: „Ich werde nur akzeptieren, was ich als wahr erkenne!“, womit er das Herz gegenüber Gott verschließt.

Welch ein Hochmut ist es, nur das zu akzeptieren, was bewiesen werden kann oder was mit dem übereinstimmt, was ein Mensch für wahr hält! Denn unser menschlicher Verstand weiß und begreift gewiss nicht alles. Es existiert so vieles, worüber wir so wenig wissen und das wir noch enträtseln müssen! Und doch lehnt die Menschheit Gott und Seine ewige Wahrheit so leichtfertig ab. Viele Katholiken machen sich so schuldig, indem sie ihr Ego Gott vorziehen und ihren Glauben verändern, um ihn bequem ihrem Leben anzugleichen.

Unser Glaube soll uns dergestalt kennzeichnen, dass wir aus dem Glauben leben, der uns von Gott gegeben und von Seiner heiligen katholischen und apostolischen Kirche erklärt wurde. Jede unserer Entscheidungen, Taten und jedes unserer Worte soll Ausdruck des Willens Gottes sein, damit die, die auf uns schauen, die Wahrheit der Liebe Gottes erkennen und durch uns in Seine Liebe gezogen werden, weg von der Bitterkeit des Bösen.

Denken wir nach über die frühe Kirche und ihren Gehorsam gegenüber dem Willen Gottes bis in den Tod hinein: Die Opfer, die sie brachte, kennzeichneten durch die Gnade Gottes die Kirche in der Welt und zeigten allen die Schönheit der Liebe Gottes auf.

Kommunionempfang für Abtreibungsbefürworter?

9. Oktober 2008
Verschiedene Male wurde ich gefragt, ob es zulässig und angebracht sei, dass Katholiken, die sich für die Abtreibung einsetzen, den Herrn in der Eucharistie empfangen. Die erste Referenz hierfür sollte für alle Katholiken die Lehre der Kirche und ihre Veröffentlichungen darüber sein.

Der *Katechismus der Katholischen Kirche* sagt:

> 1385 Um dieser Einladung zu entsprechen, müssen wir uns auf diesen so hohen, so heiligen Moment *vorbereiten*. Der heilige Paulus fordert zu einer Gewissenserforschung auf: „Wer unwürdig von dem Brot isst und aus dem Kelch des Herrn trinkt, macht sich schuldig am Leib und am Blut des Herrn. Jeder soll sich selbst prüfen; erst dann soll er von dem Brot essen und aus dem Kelch trinken. Denn wer davon isst und trinkt, ohne zu bedenken, dass es der Leib des Herrn ist, der zieht sich das Gericht zu, indem er isst und trinkt“

(1 Kor 11, 27–29). Wer sich einer schweren Sünde bewusst ist, muss das Sakrament der Buße empfangen, bevor er die Kommunion empfängt.

1415 Wer Christus in der eucharistischen Kommunion empfangen will, muss im Stande der Gnade sein. Falls jemand sich bewusst ist, dass er eine Todsünde begangen hat, darf er die Eucharistie nicht empfangen, ohne vorher im Bußsakrament die Lossprechung empfangen zu haben.

Papst Benedikt XVI., damals noch Kardinal Ratzinger, schrieb im Juni 2004 einen Brief an die US-amerikanischen Bischöfe, in dem er die Prinzipien für einen würdigen Empfang des Herrn in der Kommunion darlegt. Kardinal Ratzinger, der damalige Präfekt der Glaubenskongregation, sagte, dass vehementen und öffentlichen Abtreibungsbefürwortern die eucharistische Kommunion verweigert werden sollte, da diese Haltung eine schwere Sünde darstelle.

Kommentare einiger Bischöfe:

(Zenit) Die New Yorker Prälaten legen es den Bürgern ans Herz, sich über das Programm der Kandidaten für den Kongress und das Land zu informieren, da, wie sie sagen, viele moralische Angelegenheiten auf Landesebene entschieden werden. Das war einer der herausragenden Punkte in einer Veröffentlichung von vergangener Woche mit dem Namen *Our Cherished Right, Our Solemn Duty* („Unser geschätztes Recht, unsere heilige Pflicht“).

Die Prälaten riefen zuerst in Erinnerung, dass die für das Leben relevanten Angelegenheiten das wichtigste Kriterium sind, wenn es um die Abgabe des Stimmzettels geht.

„Der Kandidat, der in allen Angelegenheiten mit der Kirche übereinstimmt, ist rar", gaben sie zu. „Doch (...) nicht jede Angelegenheit ist von gleichem moralischem Gewicht. Das unveräußerliche Recht auf Leben für jede unschuldige menschliche Person wiegt schwerer als andere Anliegen, über die Katholiken ein überlegtes Urteil abgeben können, wie z. B. die Frage, wie man die Bedürfnisse der Armen am besten berücksichtigt oder wie ein besserer Zugang zur Gesundheitsfürsorge für alle aussehen kann."

„Das Recht auf Leben ist das Recht, aus dem alle anderen Rechte hervorgehen. In dem Maß, wie Kandidaten dieses fundamentale Recht ablehnen, indem sie ein objektives Übel wie die legale Abtreibung, Euthanasie oder embryonale Stammzellenforschung unterstützen, sollten Katholiken sie (diese Kandidaten) als weniger akzeptabel für ein öffentliches Amt einschätzen."

Aus einem Dokument der US-amerikanischen Bischofskonferenz:

Es wäre aufbauend, wenn wir Kandidaten finden könnten, deren Unterlagen, Parteiprogramme und persönlicher Einsatz die ganze Bandbreite der Sozial-Lehre der Kirche enthalten, die ja sehr vernünftig ist. Leider kommt das selten vor. Daher muss unser Gewissen gut ausgebildet sein, fähig, jeder Angelegenheit das angemessene moralische Gewicht zu geben und andere wichtige Unterscheidungen und Urteile zu fällen. Ein Katholik darf beispielsweise niemals für Kandidaten stimmen, gerade weil sie ein spezifisches moralisches Übel wie Abtreibung befürworten und vorantreiben. Wer das tut, wirkt formal (absichtlich) mit an einem schweren Unrecht. Und obwohl *Faithful Citizenship* (ein Dokument der US-amerikanischen Bischöfe über die Formung des Gewissens, Anm. d. Übers.) besagt, dass man „nur aus wirklich schwerwiegenden moralischen Gründen" einen Politiker wählen darf, der politisch für die Abtreibung eintritt, so muss sich ein gewissenhafter Wähler doch fragen, welcher schwerwiegende moralische Grund an den Verlust von nahezu 49 Millionen Menschenleben herankommt, der dem Übel der Abtreibung zuzuschreiben ist.

5. Oktober 2008
In Scranton, Pennsylvania (USA) wird jeder Katholik, der an diesem Wochenende die hl. Messe besucht, eine besondere Predigt über die Wahlen im nächstem Monat hören. Bischof Joseph Martino hat jedem Priester in der Diözese aufgetragen, einen Brief vorzulesen, in dem davor gewarnt wird, dass die Wahl eines Befürworters der Abtreibungsrechte dem Befürworten von „Homizid" (Tötung von Menschenleben) gleichkommt. „Die ‚richtige' Haltung zum Thema Steuern, Ausbildung, Gesundheitsfürsorge, Immigration und Wirtschaft kann den Fehler, den Wert eines Menschenlebens zu missachten, nicht gutmachen", schrieb der Bischof. „Es ist eine tragische Ironie, dass ‚Pro-Choice'-Kandidaten im Namen ‚sozialer Gerech-

> tigkeit‘ den Homizid befürworten – die schlimmste Ungerechtigkeit, die eine Gesellschaft tolerieren kann.“

Aus der Heiligen Schrift sowie den Verlautbarungen der Kirche ist also ersichtlich, dass Personen, die einen Pro-Abtreibungs-Politiker fördern, unterstützen oder wählen, sich in einem Zustand schwerer Sünde befinden und den Herrn in der Eucharistie nicht empfangen sollten. Allerdings gibt es Katholiken, die das nicht so sehen und nicht akzeptieren, was die Kirche oder das heilige Wort Gottes sagt. Einige behaupten, es sei ihr Recht, die Kommunion zu empfangen. Den Herrn zu empfangen, ist jedoch kein Recht, sondern ein Privileg, das Gott den Menschen in Seiner Liebe anbietet. Dieses Privileg sollte nicht missbraucht werden, denn wie der hl. Paulus feststellt, gibt es sonst ernste Konsequenzen (vgl. 1 Kor 11, 27–30).

Wer sich in einem Zustand schwerer Sünde befindet, muss eine gute Beichte ablegen, bevor er den Herrn empfängt, und er darf nach dieser Beichte nicht in seine alte Haltung zurückfallen. Wenn man zur Beichte geht mit der Absicht, danach das schlechte Verhalten fortzusetzen oder die schlechte Überzeugung beizubehalten, legt man keine gültige Beichte ab.

Manche Menschen können dies nicht akzeptieren und glauben in ihrem Stolz, es besser zu wissen als die Kirche und das Wort Gottes. Sie erkennen nicht, dass diese Arroganz an sich eine schwere Sünde ist, da der Mensch seinen Willen vor den Willen Gottes und Seiner heiligen Kirche stellt. Damit sagt der Mensch, dass sein Wissen größer sei als das der Kirche, und er lehnt das Gottesgebot „Du sollst nicht töten“ ab. Und er drückt damit aus, dass er bzw. die, die er unterstützt oder deren Gefolgsmann er ist, entscheiden können, ob ein Leben wertvoll ist oder nicht, und dass Gott dabei nicht mitzureden habe.

Heute fordern viele Katholiken ihre Rechte ein, die in Wirklichkeit Un-Rechte sind, aber sie sind so blind, dass sie dies nicht erkennen, da ihr Glaube an das Wort der Welt stärker ist als an das Wort Gottes.

Im Zustand der Todsünde zur Kommunion zu gehen, macht eine wahre Vereinigung mit Gott unmöglich, weil der Mensch an einem Hindernis zwischen sich und Gott festhält, welches die Einheit mit unserem Herrn Jesus Christus verhindert. Eins mit Ihm zu sein bedeutet, eins zu sein mit der Wahrheit Seiner Liebe, Seinem Willen gehorsam zu sein und jede Sünde abzulehnen. Zwar werden die Welt und der Stolz der Menschen viele Einwände dagegen vorbringen, doch keiner davon ändert etwas an dieser ewigen Wahrheit.

Die Menschen sollten darüber nachdenken, wie es unseren Herrn verletzt, dass jene, die behaupten, Ihn zu lieben, mit einem Herzen daher kommen, das erfüllt ist von der Finsternis statt vom Licht Seiner Liebe. Kein Katholik sollte in einem Zustand schwerer Sünde auch nur daran denken, den Leib, das Blut, die Seele und Gottheit des Herrn Jesus in der Eucharistie zu empfangen, denn dies wäre in sich eine Beleidigung Gottes und all derjenigen, die nach Gottes Wunsch leben oder gelebt haben.

Es ist an der Zeit, dass jene, die in irgendeiner Weise die Abtreibung unterstützen, zur Einsicht kommen, dass das Unrecht, das sie akzeptieren, sie davon ausschließt, den göttlichen Herrn Jesus in der Eucharistie zu empfangen. Und es ist Zeit, dass sie in Demut ihr Unrecht beichten und es von nun an von sich weisen, um in wahrer Liebe zu kommen und eins zu sein mit Ihm und in Ihm in der Kommunion, in dem Zustand der Gnade, der angemessen ist.

Weihnachtsbotschaft

9. Dezember 2008
An diesem Weihnachtsfest, während wir über das Kommen des Sohnes Gottes auf Erden und über die Heilige Familie in Betlehem nachdenken, sollten wir im kleinen Jesuskind jedes kleine Kind sehen, das Gott erschaffen hat. Genauso wie wir das Baby Jesus lieben, so sollten wir auch jedes Kind lieben, mit dem Gott die Menschheit segnet.

Unsere Herzen sollten sich in Liebe den Babies zuwenden und ihr Leben als einen Segen ansehen. Wenn jeder von uns die Größe der Liebe Gottes in jedem Baby erkennt, werden unsere Herzen aus Liebe für sie brennen, und wir werden jedem Kind nur das Beste wünschen. Es wird auch für all jene offensichtlich werden, für die es das noch nicht ist, wie kostbar die Kleinen für Gott sind, und sie werden auch ihnen kostbar werden. Dann wird es keinen Grund mehr geben, die Vernichtung der Babies zu akzeptieren. Und ein Herz, das die kleinen Schätze Gottes liebt, kann die schrecklichste Sünde der Abtreibung in keinerlei Weise mehr unterstützen. Nicht länger wird man selbstsüchtige Gedanken und eigene Wünsche für sich oder andere – selbst wenn gute Absichten dahinter stehen – über den Wert des Lebens dieser süßen kleinen Unschuldigen stellen. Nicht länger wird die politische Zugehörigkeit wichtiger sein als die Liebe zu den Babies.

Jedes Kind wird als ein Schatz angesehen werden, den der Himmel auf Erden geschickt hat, und nicht als ein Objekt, das von den Menschen auf Erden vernichtet werden kann. Es wird auch offensichtlich werden, dass die Vernichtung eines Kindes innerhalb oder außerhalb des Mutterschoßes dem Zurückweisen des heiligen Kindes von Betlehem gleichkommt, das Herodes aus seiner weltlichen Haltung heraus zu töten trachtete.

Dieses Weihnachtsfest ist eine Zeit, in der wir noch einmal aus Liebe zum Baby Jesus zu einer wahren Liebe für alle Babies finden sollten, indem wir in einem jeden von ihnen Jesus als Baby erkennen und ein jedes so schätzen wie Ihn.

Fürchtet die Verfolgung nicht!

7. März 2009
Viele Katholiken sind beunruhigt über die antichristliche Haltung von Regierungen, Politikern und Organisationen, welche einen Lebensstil fördern, der dem widerspricht, was Christen zu leben versuchen.

Es macht sich eine wachsende Intoleranz auf Seiten derer breit, die sich als tolerant bezeichnen. Diejenigen, die nach Redefreiheit rufen, fordern diese oft nur für ihre Zwecke. Wer die Stimme erhebt gegen das Unrecht, das heute öffentlich in der Welt gefördert wird, wird angegriffen und zum Schweigen zu bringen versucht, indem man ihn als Frömmler, engstirnig, homophob usw. bezeichnet und womöglich gerichtlich gegen ihn vorgeht, wenn er nicht aufhört, die Wahrheit seines Glaubens zu bezeugen.

Wenn Christen, denen die Heiligkeit der Ehe bewusst ist, sich gegen gleichgeschlechtliche „Ehen" aussprechen, wird behauptet, sie versuchten, die Rechte der Homosexuellen zu beschneiden. Dabei wird jedoch vergessen, dass die „Ehe" zwischen Homosexuellen kein Recht ist, sondern ein schweres Unrecht. Die Ehe ist eine Ehe zwischen einem Mann und einer Frau und *nichts* anderes.

Wenn Christen dagegen protestieren, dass Kinder von gleichgeschlechtlichen Paaren adoptiert werden, sagen manche, die Christen seien herzlos und verweigerten denen, die keine Kinder haben können, die Möglichkeit, eine Familie zu gründen. An das Kind wird natürlich nicht gedacht, genausowenig an die schlechten moralischen und spirituellen Auswirkungen, denen das Kind ausgesetzt ist, wenn man es in eine so abnormale Situation bringt. Die Einrichtungen, die sich weigern, gleichgeschlechtlichen Paaren Kinder zur Adoption zu geben, werden von manchen Regierungen vor die Wahl gestellt, entweder einzulenken oder ihre Adoptionsbüros zu schließen.

Wenn ein Katholik sich gegen die Abtreibung ausspricht, kann er als Extremist bezeichnet werden, oder man behauptet, er habe keine Ahnung vom tatsächlichen Beginn des Lebens. Es werden allein die Rechte der Frau berücksichtigt, die Rechte des Babies jedoch vollständig ignoriert, und niemand hat das Recht, etwas anderes zu sagen, so jedenfalls wollen es einige. Christliche Krankenhäuser können gezwungen werden, Abtreibungen durchzuführen – gegen ihre Glaubensüberzeugung –, oder es drohen ihnen gerichtliche Schritte. Den im Gesundheitswesen Beschäftigten, die gegen Abtreibung sind, kann die Gewissensfreiheit abgesprochen werden. Man kann sie zwingen, bei Abtreibungen mitzuhelfen oder dazu, andere auf die Möglichkeit einer Abtreibung hinzuweisen. Die Glaubensfreiheit eines Christen wird ignoriert oder abgelehnt.

Wenn ein Christ sich gegen die Verwendung embryonaler Stammzellen ausspricht, wird er manchmal angeschaut, wie wenn er kein Mitgefühl für Schwerkranke hätte, denen die Stammzellen vielleicht helfen könnten. Natürlich wird die Tatsache geleugnet, dass für embryonale Stammzellen Babies getötet werden, um jemandem zu helfen, eine Krankheit zu überwinden – und die, die Christus lieben, verteidigen die unschuldigen Babies, die sich nicht selbst verteidigen können.

Wenn Christen von Enthaltsamkeit sprechen, werden sie verspottet, man hält sie für weltfremd. Wer bis zur Ehe warten will, wird oft lächerlich gemacht. Gleichzeitig wird die sexuelle Freizügigkeit offen als ein natürlicher und angemessener Ausdruck der menschlichen Natur gepriesen; all die schlimmen Folgen werden verschwiegen.

In manchen Ländern werden christliche Schulen gezwungen, Programme zu übernehmen, die dem christlichen Glauben zuwiderlaufen. Gebet oder religiöse Symbole werden missbilligt und in manchen öffentlichen Schulen nicht geduldet. Es kommt vor, dass Arbeitnehmern verboten wird, ihre Kreuzchen zu tragen.

Mit Blick auf all dies und noch mehr fühlen sich viele Christen natürlich angegriffen. Wir sollten jedoch bedenken, dass die Katholische Kirche in Zeiten der Verfolgung an Stärke zunimmt und die Gläubigen näher zu Gott kommen. Von Anfang an hat die Katholische Kirche Verfolgung erlebt, und man muss damit rechnen.

Alle Katholiken sollten in diesen Zeiten den Heiligen Geist um die Gnade bitten, ihren Glauben leben und verkündigen zu können, ohne Angst vor den Folgen. In diesen Zeiten können sie die Tiefe ihrer Liebe zu Gott bezeugen, indem sie alles ablehnen, was dem Gesetz Gottes widerspricht, und indem sie das Gesetz und die Liebe Gottes dem der Welt vorziehen.

Uns ist von Gott eine herrliche Möglichkeit geschenkt zu zeigen, dass wir der frühen Kirche ähnlich sein können, die – ungeachtet dessen, was die Welt tat – an der Liebe Christi festhielt. Wenn wir das tun, können wir sicher sein, dass unsretwegen in der Zukunft viele Menschen zu einem vollen Leben in Christus finden werden.

Fürchten wir die Verfolgung nicht, sondern bleiben wir standhaft und halten wir unseren Glauben hoch als ein Leuchtfeuer, das viele anzieht, und danken wir Gott für die Möglichkeit, das tun zu können!

In Seiner Liebe

Osterbotschaft 2009

In Liebe wurde das Böse besiegt, in Liebe wurde der Tod überwunden, in Liebe erstand der Herr von den Toten. In Seiner Passion, in Seinem Leiden und in Seiner Auferstehung zeigte der Herr Jesus allen, was das Leben Seiner Nachfolger sein soll und was es sein kann. Wer Ihm nachfolgt, soll für alle anderen ein Beispiel dieser Wahrheit sein, die Er enthüllt hat:

- Die Wahrheit, dass jeder in und mit Jesus Sieger über das Böse sein wird, wenn er einfach liebt, ungeachtet dessen, was das Böse ihm antut.

- Die Wahrheit, dass der Tod nicht zu fürchten ist, denn in unserem Herrn Jesus ist der Tod lediglich ein Tor zum Himmel – der Tod ist kein Fluch, sondern wahrlich ein Segen für die, die Gott lieben.

- Die Wahrheit, dass jeder Mensch in Ihm auferstehen kann, um in Seiner ewigen Herrlichkeit mit dem Vater und dem Heiligen Geist zu leben, wenn wir ein Leben der Liebe leben, so gut wir es vermögen und so, wie der Herr es von uns erbittet.

Die Osterbotschaft ist die Botschaft der siegreichen Liebe, sie ist die Botschaft, die jeder, der dem Herrn Jesus nachfolgt, mit allen anderen teilen sollte, ohne Angst davor zu haben, was ihm die Welt anzutun vermag.

Wenn die Angst in unsere Herzen einzieht, sollten wir uns zum Herrn wenden und Kraft finden in Seiner ausdauernden Liebe – die Kraft, unsere Ängste zu überwinden.

Wenn wir dem Bösen im Leben entgegentreten, sollten wir dies in gütiger Liebe tun, so wie der Herr. Obwohl es manchmal so aussehen mag, wie wenn das Böse unüberwindlich wäre, sollten wir zum Herrn schauen und erkennen, dass vielmehr Seine Liebe unüberwindlich ist, und dass auch wir, in Seiner Liebe, unüberwindlich sind.

Wenn die gütige Liebe so schwach zu sein scheint, so wisst, dass sie in Wahrheit mächtiger ist als alles, was das Böse uns entgegenschleudern kann – wenn es die gütige Liebe ist, welche die Liebe unseres Herrn nachahmt. Wenn wir täglich in dieser österlichen Weise leben, können wir in der göttlichen Herrlichkeit unseres Herrn Jesus auferstehen und die Opferlämmer der Liebe werden, die zu sein uns bestimmt ist: Lämmer, die Christus wirklich nachfolgen, indem sie allen die Wahrheit Seiner Liebe bringen.

Er ist auferstanden, daher lasst uns in Ihm aufstehen und die Welt verändern durch Seine Gnade und Liebe, die in unserem Leben sichtbar wird!

Ja, das ist sehr christlich!

11. August 2009

Wenn Katholiken versuchen, ihren Glauben zu leben und sich für das einzusetzen, was recht und wahr ist, werden sie manchmal beschuldigt, sie seien nicht sehr christlich: Wenn sich ein Elternteil beispielsweise weigert zu akzeptieren, dass seine Kinder in Sünde oder unmoralisch leben und sie ersucht, mit ihrem schlechten Verhalten aufzuhören. Vielleicht erwidern die Kinder, es sei nicht sehr christlich, sich ihrem Tun entgegenzusetzen, es sei ihr Leben, mit dem sie machen können, was sie wollen. Sohn oder Tochter verlangen möglicherweise, dass die Eltern ihr Verhalten akzeptieren.

In manchen Ländern fördert auch die Gesellschaft die Vorstellung, ein promiskuitives Leben mit vielen Sexualpartnern sei völlig normal. Diese Ansicht wird teilweise auch im Sexualkundeunterricht für Kinder vertreten. In so manchen Sexualkundekursen in der Schule werden die Kinder über Empfängnisverhütung und Sexualtechniken belehrt und es wird behauptet, Heterosexualität sei nicht die einzige Option. Kürzlich lasen wir während eines Besuches in den Niederlanden von einer Fernsehsendung, in der ein Junge und ein Mädchen masturbierten und den Jugendlichen empfahlen, lieber sich selbst zu befriedigen als durch Sexualverkehr eine HIV-Infektion zu riskieren. Dabei zeigten sie ihnen, wie man das macht! In den USA hörte ich von einem Programm, in dem Sexualkundelehrer jungen Menschen empfahlen, sie sollten Oralsex praktizieren, um eine HIV-Infektion und Geschlechtskrankheiten zu vermeiden!

Wenn Eltern nicht wollen, dass man ihren Kindern diese Dinge beibringt, werden sie von anderen für unvernünftig gehalten, und man wirft ihnen vor, dass sie ihren Kindern einen Unterricht vorenthalten, auf den alle einen Anspruch hätten. Die Wahrheit ist: Es ist sehr christlich, sich dem zu widersetzen und entgegenzustellen, was falsch ist. Es ist sehr christlich, den Sprösslingen davon abzuraten, Falsches zu tun, was ihnen nicht nur körperlich und mental, sondern auch spirituell schaden kann. Es ist sehr christlich, das, was falsch ist, zurückzuweisen und die Sünde niemals zu akzeptieren.

Was die schreckliche Sünde der Abtreibung anbelangt, so behaupten diejenigen, die „pro choice" (für die freie Wahl) sind, oft, es sei nicht sehr christlich, eine Mutter und ihre Notlage sowie ihr Recht auf Selbstbestimmung zu ignorieren bzw. diese nicht als vordringliches Anliegen zu betrachten. Es wird behauptet, es sei unchristlich, andere zu beeinflussen versuchen, Kinder zu haben, die sie nicht wollen. In Wahrheit ist es sehr christlich, sich gegen das Abschlachten Unschuldiger zu stellen. Nichts rechtfertigt das Töten eines Kindes innerhalb oder außerhalb des Mutterschoßes, wie es bei Teilgeburtsabtreibungen geschieht oder wenn man Babies sterben lässt, die nach verpfuschten Abtreibungen lebend geboren wurden. Nichts macht den Holocaust der Unschuldigen, der in der heutigen Welt geschieht, annehmbar.

Wenn manche schwangeren Frauen sich auch in sehr schwierigen Situationen befinden, ist es doch nie die Schuld des Babies, und es ist nicht recht, dass das Baby für die Mutter geopfert werden soll. Es ist Aufgabe der Eltern, Opfer für ihr Kind zu bringen. Dies ist ein grundlegender Wert, den Gott allen Menschen eingepflanzt hat, der aber in manchen durch die Welt und den Egoismus zerstört wurde. Dies ist ein Wert, an dem auch die Gesellschaft festhalten sollte, es jedoch oft nicht tut.

Das zutiefst Christliche in dieser schrecklichen Situation besteht darin, sich entschlossen dagegen zu stellen, dass ein Leben genommen wird, und alles Mögliche dafür zu tun, den Betroffenen zu helfen, dass sie ihren Irrtum erkennen. Zutiefst christlich wäre es, der Mutter und dem Kind zu helfen und darauf hinzuwirken, dass die Gesellschaft dasselbe tut, damit sich keine Frau so durcheinander, so verzweifelt oder verloren fühlen muss, dass sie meint, ihr eigenes Fleisch und Blut, ihr eigenes Kind töten lassen zu müssen.

Heute glauben manche törichterweise, die Welt sei überbevölkert, und sie halten es für nötig, das Bevölkerungswachstum durch Empfängnisverhütung zu kontrollieren. Wenn ein Christ dieser Ansicht nicht zustimmt, wird er für dumm gehalten oder beschuldigt, nicht sehr christlich zu sein, da er nicht an die Armen und Bedürftigen in der Welt denke. Es wird behauptet, diese hätten nicht genug zu essen, weil es zu viele Menschen auf der Welt gebe, daher sei es unabdinglich, die Geburtenrate zu kontrollieren, wenn wir alle ernähren wollten.

Es ist zutiefst christlich, das Recht aller zu verteidigen, Eltern zu sein, und das Recht aller Kinder, geboren zu werden. Es ist zutiefst christlich, die Täuschungen und Missverständnisse abzulehnen, die für eine Bevölkerungskontrolle sprechen. Es ist zutiefst christlich herauszurufen, dass es genug Lebensmittel und Ressourcen für alle gibt, wenn wir diese angemessen verteilen, wie wir es sollten. Es ist zutiefst christlich zu sagen, dass die Menschen in der Dritten Welt so viele Kinder haben dürfen, wie Gott ihnen geben möchte. Es ist zutiefst christlich zu sagen: Egal, wie viele Menschen auf der Erde leben, das Klima muss sich nicht verschlechtern, wenn wir uns einfach darum bemühen, Sorge dafür zu tragen.

Heutzutage gibt es einige, die behaupten, es sei nicht christlich, dem Gebrauch von Kondomen zur Reduzierung der HIV-Infektionsrate entgegenzutreten. Sie behaupten, sich dem Gebrauch von Kondomen zu widersetzen bedeute, dass Aids sich verbreite und dadurch den Tod vieler nach sich ziehe. Doch das Gegenteil ist wahr: Denn es ist zutiefst christlich, sich gegen Kondome einzusetzen. Kondome haben wenig bis gar nichts dazu beigetragen, die Verbreitung von Aids einzudämmen. In den Ländern, in denen Kondome die grundlegende Präventivmaßnahme ist, greift Aids weiter um sich und ist nicht zum Stillstand gekommen. In Uganda jedoch, wo Abstinenz und Monogamie die Hauptmaßnahmen der Prävention sind, ist die Aids-Infektionsrate gesunken.

Kein Christ sollte den Gebrauch von Kondomen aus irgendeinem Grund akzeptieren, da ihre eigentliche Wirkung darin besteht, Leben zu verhindern. Außerdem fördern Kondome die sexuelle Freizügigkeit; sie ermutigen die Menschen nicht zur Treue gegenüber ihrem Ehepartner. Kondome bringen eine falsche Sicherheit, so dass manche denken, sie könnten weiterhin viele Sexualpartner haben ohne bzw. mit nur geringem Risiko, Aids zu bekommen. Wie töricht ist es, sein Leben einer dünnen Latexschicht anzuvertrauen, aus der ein Kondom besteht (es gibt verschiedene Berichte, aus denen hervorgeht, dass Kondome, wenn man sie jedes Mal perfekt handhabt, eine Versagensquote von 2 bis 3 Prozent haben, bei normaler Anwendung liegt die Versagensquote zwischen 12 und 15 Prozent!). Daher ist es zutiefst christlich, Abstinenz, Treue und ein moralisches Leben zu fordern und den Gebrauch von Kondomen abzulehnen.

In der heutigen Welt gab es einen großen Wandel hinsichtlich der Bewertung von Homosexualität. Viele betrachten diese inzwischen als eine zulässige sexuelle Orientierung, der niemand entgegentreten sollte. Die Homosexualität wird als eine akzeptable Alternative zur Heterosexualität angesehen und als solche Alternative von einigen Bewegungen und Regierungen gefördert. Widerstand gegen Homosexualität wird gar als ein

Angriff auf die Rechte und Natur des Menschen gewertet und als Diskriminierung gegenüber anderen. Die Homosexualität abzulehnen, wird von manchen für nicht sehr christlich gehalten. Sie meinen, wenn sich zwei Menschen lieben, solle es ihnen ungeachtet des Geschlechts erlaubt sein, eine sexuelle Beziehung zu führen.

Das Nein zur Homo-Ehe halten einige für nicht sehr christlich, denn wie könnte man zwei Verliebten das Recht auf die Ehe verweigern? Gleichgeschlechtlichen Paaren das Recht zur Adoption zu verweigern, wird oft als ein Angriff auf die gleichen Rechte aller Menschen gewertet.

Auch wenn Regierungen, Bewegungen oder die Gesellschaft nicht zustimmt – es ist zutiefst christlich, das abzulehnen, was falsch ist. Homosexualität ist keine zulässige sexuelle Orientierung, sie ist nicht Teil der normalen sexuellen Fortpflanzung. Homosexualität ist falsch und ist von denjenigen abzulehnen, welche die Wahrheit lieben. Als Christ hat ein Mensch die Pflicht, das abzulehnen, was falsch ist, selbst wenn die ganze Welt sagt, es sei richtig. Es ist eine Pflicht, auf jene zuzugehen, die in diesem Lebensstil gefangen sind, und ihnen zu helfen, die Schönheit der wahren Liebe zu finden, so wie Gott sie geschaffen hat. Es ist eine Pflicht, denen zu helfen, die ihre Homosexualität nicht überwinden können, so dass sie enthaltsam leben und ihre Freude in der Liebe Gottes finden.

Homosexualität ist kein normaler Zustand für Menschen, sie ist kein wahrer Teil des Geschenks der Sexualität, das Gott den Menschen machte. Es ist Homosexuellen in den Augen Gottes nicht möglich, eine Ehe einzugehen, selbst wenn die Welt es eine Ehe nennt. Es ist zutiefst christlich, standhaft zu diesen Wahrheiten zu stehen. Alles andere ist auf jeden Fall nicht christlich und eine Zurückweisung der Lehre der heiligen katholischen und apostolischen Kirche.

Es ist zutiefst christlich, die Adoption von Kindern durch gleichgeschlechtliche Paare abzulehnen, da das Kind in eine Situation käme, in der es der Unmoral und Sünde ausgesetzt wäre und gelehrt würde, dieses Unrecht als etwas Richtiges zu akzeptieren.

Gleichzeitig darf nie vergessen werden, dass es ebenso zutiefst christlich ist, andere niemals aus irgendeinem Grund zu diskriminieren. Es ist zutiefst christlich, andere niemals zu richten oder zu verurteilen. Es ist zutiefst christlich, für die Schwächen und Fehler anderer zu beten, damit diese überwunden werden, wobei man natürlich an seine eigenen Fehler und Schwächen denkt.

Es ist zutiefst christlich, andere behutsam zum wahren Weg des Lebens hin zu führen, ohne es zu fordern oder zu erzwingen, weil man erkennt, dass jeder – ganz gleich, wer er ist oder wie er lebt – von Gott geliebt wird, und dass auch du jeden lieben sollst. Wir sollen die sanfte Liebe Christi für die anderen erkennen und dieselbe sanfte Liebe zeigen durch die Art und Weise, wie wir mit anderen umgehen, auch mit jenen, die etwas Falsches tun.

Es ist zutiefst christlich, sich zu wünschen, dass jeder respektvoll und gleich behandelt wird, doch in dieser Gleichheit nichts Falsches zu akzeptieren. Es ist zutiefst christlich, zu erwarten und zu verlangen, dass unsere Regierungen die Bedürftigen, Armen, Verletzlichen und diejenigen, die in unglücklichen Umständen leben, schützen und für sie sorgen. Es ist zutiefst christlich zu verlangen, dass unsere Regierungen das Leben schützen und es nicht zerstören. Es ist zutiefst christlich zu erwarten, dass auch ihr das Recht habt, respektiert und gleich behandelt zu werden.

Angriffe gegen den katholischen Glauben

29. November 2009
Während ich über unseren Glauben nachdenke und darüber, wie viele große Heilige in die Welt hinaus gingen, um die Liebe Christi mit den Völkern der Welt zu teilen – ungeachtet dessen, was ihnen zustoßen könnte –, werde ich daran erinnert, dass ich und viele Katholiken nicht genug tun, um die Liebe Christi zu anderen zu tragen. Sowohl Furcht als auch Apathie scheinen die Verkündigung des Glaubens zu behindern, oder vielleicht ist es zum Teil die Schwachheit unseres eigenen Glaubens, die uns von der Verkündigung abhält.

Heute sind wir Katholiken mit vielen Möglichkeiten gesegnet, die Liebe Christi in das Leben anderer zu bringen, denn so viele Menschen von heute kennen weder Christus noch Seine göttliche Liebe. Doch anstatt diese Gelegenheiten zu nutzen, lassen wir diese oft ungenutzt verstreichen. Dadurch verpasst möglicherweise eine Seele die Gelegenheit, die Fülle der Liebe Gottes in Christus, unserem Herrn, kennenzulernen.

Der Säkularismus greift den katholischen Glauben vermehrt an und versucht die Menschen davon zu überzeugen, dass es keinen Gott gibt, damit sie nur an das Hier und Jetzt glauben und an das, was die Welt bietet. In Europa entschied der Europäische Gerichtshof, dass in italienischen Schulen keine Kruzifixe aufgehängt werden dürfen. In der Schweiz wird die Kirche zum Teil von der Regierung und von Laien kontrolliert, und nicht von den Priestern oder Bischöfen.

Viele bemühen sich, die Muslime nicht zu beleidigen, doch wenn es um die Katholiken geht, greifen Regierungen, Medien und Einzelne die Katholische Kirche ungehindert an, ohne sich um den Glauben oder die Gefühle der Menschen zu kümmern. Der Umstand, dass die Katholiken nicht mit Gewalt oder Zorn darauf reagieren, sondern mit vergebender Liebe, scheint sie zu einem leichten Ziel zu machen für solche, die aus Furcht nichts gegen den Islam sagen würden. Wer so handelt, wird zum Tyrann, der jene angreift, die scheinbar schwach sind, während er es vermeidet, die anzugreifen, deren Reaktion gewalttätig ausfallen würde.

Manche Protestanten greifen Katholiken öffentlich an und versuchen, die Katholiken von der Wahrheit Christi wegzuziehen, hin zu dem, was auch immer Menschen glauben – und nicht zu dem, was Christus, unser Herr, uns lehrte und von uns forderte. Überzeugt davon, dass jeder die Heilige Schrift selbst interpretieren könne, fällt es den protestierenden Glaubensrichtungen leicht, Homosexualität, Homo-Ehe, Empfängnisverhütung, Frauenpriestertum und Bischöfinnen zu akzeptieren.

Die Muslime greifen den katholischen Glauben sowohl physisch als auch durch die Kraft des Gesetzes an. In manchen muslimischen Ländern gilt es als eine Gesetzesübertretung, ein Kruzifix zu tragen, von Jesus zu sprechen, die heilige Messe zu feiern oder in einer Gebetsgruppe zu beten. Katholische Bischöfe, Priester und Ordensleute werden Opfer von Mord, Vergewaltigung und Folter.

Vor einigen Jahren war ich in England und hielt einen Vortrag in der katholischen Kirche in Bradford. Die Kirche war umgeben von hohen Mauern, oben mit Stacheldraht bewehrt. Überwachungskameras und Sicherheitstore mussten installiert werden, weil Muslime aus der Umgebung den Priester verschiedene Male angegriffen und oft versucht hatten, die Kirche zu beschädigen und die Menschen zu beschimpfen, welche die Kirche besuchten. Die Muslime behaupten, Bradford sei eine muslimische Stadt und es dürfe keine katholische Kirche in der Gegend geben, obwohl die Kirche schon lange vor der muslimischen Bevölkerung hier war und England kein muslimisches Land ist! Es gab auch Vorstöße im Stadtrat, die Kirche zu schließen, weil diese die Muslime beleidige.

Wir Katholiken sollten jedoch nicht verzweifeln, da Christus mit uns ist und die Kirche in Zeiten der Verfolgung von Gott gesegnet und gestärkt wird, indem Er Menschen hervorbringt, die ihren Glauben mit Festigkeit allen verkünden.

Heute sind wir von Gott gerufen, diese Menschen zu sein, diese Heiligen zu sein, die in Festigkeit, doch freundlich und sanft die Wahrheit Christi bezeugen. Durch uns wird Gott Seine liebende Macht zeigen und viele in der Welt mit Seinem Heiligen Geist berühren, um ihre Herzen zur vollen Wahrheit Gottes zu bekehren.

Wir sind gerufen, unseren Glauben offen zu leben, damit alle in uns Christus erkennen können.

Wir sind gerufen, gegen alles Unrecht aufzustehen, damit die Wahrheit Gottes durch uns sichtbar ist.

Wir sind gerufen, im Namen Christi auf alle zuzugehen, damit alle Seine göttliche Liebe kennenlernen können.

Wir sind gerufen, furchtlos jenen Glauben mit anderen zu teilen, den wir als den wahren Glauben erkennen und lieben.

Lasst uns diejenigen sein, die der Welt zeigen, dass der Säkularismus und politische Korrektheit die Ursache von so viel Unrecht in der Welt ist!

Lasst uns diejenigen sein, die auf unsere protestierenden Brüder und Schwestern zugehen und sie in die volle Wahrheit Christi einladen!

Lasst uns diejenigen sein, die die Erkenntnis der Gottheit Christi zu unseren muslimischen Cousins und Cousinen tragen, damit sie den dreifaltigen Gott der Liebe und des Friedens wahrhaft kennenlernen können!

Ich ermutige jeden von euch, heute damit zu beginnen und jeden Tag damit fortzufahren, dafür zu beten, dass muslimische Herzen sich für Christus, unseren Herrn, öffnen. Ich hoffe, dass jede und jeder drei Vaterunser für die Muslime betet, damit diese den Vater und den Sohn und den Heiligen Geist kennenlernen. Beten wir in Liebe und mit dem Wunsch, dass sie die Liebe Christi kennenlernen, der die Menschen tief hinein in das Herz des Vaters führt, durch die Gnade des Heiligen Geistes. Bittet alle, die ihr kennt, dass sie für die Muslime beten! Bittet eure Gebetsgruppen, eure Freunde – jeden! Lasst uns einen Berg des liebenden Gebetes schaffen, der bis zum Himmel reicht in einem Chor der Liebe zu unseren muslimischen Cousins und Cousinen.

Bitte schließt euch mir an und betet mit Ausdauer, selbst wenn nichts zu geschehen scheint, denn im Lauf der Zeit wird Gott den Segen ausgießen, der notwendig ist, um die Herzen und Seelen zu wandeln und sie zu öffnen für die volle Wahrheit Gottes.

Die Kirche verteidigen

26. März 2010
Derzeit ist die Kirche einem grimmigen Angriff auf ihre Heiligkeit ausgesetzt, da eine Reihe sündhafter Vorfälle ins Rampenlicht gerückt werden, die innerhalb der Kirche geschehen sind. An erster Stelle müssen wir natürlich zugeben, dass es innerhalb der Kirche schrecklichen Missbrauch gab, mit dem man teilweise sehr schlecht umgegangen ist. Doch selbst wenn man nicht richtig damit umgegangen ist, lag es nie in der Absicht, weiteren Missbrauch zuzulassen. Die Kirche hat in einigen Fällen versucht, die Probleme intern zu lösen, statt Hilfe von außen zu suchen. Dies ist an sich nichts Schlechtes, nur war es leider eine schlechte Entscheidung, die schlimme Folgen nach sich zog. Diese Folgen lasten schwer auf den Missbrauchten, und es sollte alles getan werden, um den Betroffenen zu helfen.

Niemand sollte über die Intensität der Angriffe gegen die Kirche und Seine Heiligkeit, Papst Benedikt XVI., überrascht sein. Das war zu erwarten. Diejenigen, die der Kirche feindlich gegenüberstehen, werden stets jegliche

Mittel dazu benutzen, um die Kirche nach Möglichkeit zu zerstören. Heute ist es das Zur-Schau-Stellen und Hochspielen von Missbrauchsvorwürfen, das als Waffe eingesetzt wird. Natürlich wird die Kirche durch diese Angriffe getroffen, doch wir dürfen nicht vergessen, dass die Kirche niemals überwunden werden wird. Was den Zeitpunkt dieser Angriffe betrifft, so ist es offensichtlich, dass manche versuchen, diese für die Christen heiligste Zeit zu stören und die Menschen davon abzuhalten, an den Feiern des Leidens, des Todes und der Auferstehung unseres Herrn teilzunehmen.

Wenn wir die Ereignisse unvoreingenommen analysieren, ohne uns von den öffentlichen Angriffen beeinflussen zu lassen, drängt sich eine andere Sichtweise auf:

Der Papst hat natürlich versucht, weiteren Missbrauch zu unterbinden und den Opfern zu helfen mit seiner Bitte um Entschuldigung, durch das Absetzen einiger Priester und Bischöfe und durch die Vorgabe der Null-Toleranz hinsichtlich dieser schändlichen Taten. Einige Personen reagieren darauf, indem sie den Papst durch eine Verdrehung der Tatsachen angreifen.

Ein Beispiel ist der Priester, der traurigerweise taube Kinder in den USA missbrauchte. Manche Leute rufen nach dem Rücktritt des Papstes, da sie behaupten, er habe davon gewusst. Tatsache ist, dass der Vatikan Jahrzehnte später informiert wurde (nach 20 Jahren), zu einem Zeitpunkt, als der betreffende Priester dem Tod ins Auge sah. Der Priester hatte um Vergebung gebeten, und so entschied Kardinal Ratzinger, dass es zwecklos sei, den Fall weiter zu verfolgen, da die Veröffentlichung des Missbrauchs für die Betroffenen nur noch schmerzlicher gewesen wäre. Der Priester starb wenige Monate darauf. Mir scheint, jeder mitfühlende Mensch hätte in dieser Situation ähnlich gehandelt wie Kardinal Ratzinger.

Ein weiterer Angriff auf den Papst richtet sich gegen seinen Bruder Georg, der Priester und jahrelang Leiter der Regensburger Domspatzen war. Er hatte in den siebziger Jahren einen Chorknaben geohrfeigt, dies wurde als Missbrauch bezeichnet. Damals war die körperliche Züchtigung in Schulen und überall in der Gesellschaft die Norm und wurde nicht als Missbrauch eingestuft. (Sobald ein Gesetz in Kraft trat, das körperliche Züchtigung untersagte, hielt sich Georg Ratzinger bereitwillig daran und sagte, er habe das neue Gesetz als „eine Erleichterung" empfunden. Außerdem sagte ein früherer Chorknabe aus, sie hätten ihn respektiert und geliebt; er habe Disziplin verlangt, sei jedoch wie ein warmherziger Großvater für die Buben gewesen.) Sollten wir jetzt gegen alle Lehrer und Eltern vorgehen, die Kinder körperlich bestraft haben? Im Nachhinein Werte von heute auf Einzelne in der damaligen Zeit anzuwenden, ist wirklich ungerecht.

Ein weiterer Versuch, den Papst anzugreifen, ist die Behauptung, der damalige Erzbischof Ratzinger habe sich nicht korrekt verhalten hinsichtlich eines Priesters, dem in München ein Fehlverhalten zur Last gelegt wird.

Der besagte Priester kam aus einer anderen deutschen Diözese und wurde von dort versetzt. Mit Zustimmung des Erzbistums München wurde der Priester nach München geschickt, um eine Psychotherapie zu machen. Erzbischof Ratzinger gab sein Einverständnis, dass der Priester kommen und in einem Pfarrhaus untergebracht werden konnte. Der damalige Generalvikar beschloss, ohne Erzbischof Ratzinger zu konsultieren oder seine Erlaubnis einzuholen, dass der Priester während seines Aufenthalts in der Pfarrei mitarbeiten solle. Kurz darauf wurde der Erzbischof versetzt, ohne weiter über den Fall informiert worden zu sein.

Keiner dieser Angriffe gegen den Papst ist haltbar, dennoch hört man nicht auf, die Fakten zu verzerren. Überdies ist daran zu erinnern, dass Missbrauch bis vor kurzem ein gesellschaftliches Tabu war, da man meinte, es sei am Besten, dies der Öffentlichkeit vorzuenthalten. Familien, Opfer, private und staatliche Organisationen wollten nicht, dass der Missbrauch an die Öffentlichkeit gelangte, und kehrten alles unter den Teppich. Wie können wir da erwarten, dass diese Einstellung keinen Eingang in die Kirche gefunden hätte, wo die Kirche doch voll ist von Menschen, die aus der Gesellschaft kommen?

Heute werfen viele den ersten Stein, ohne ihre eigenen Fehler sowie die Fehler der Gesellschaft im Allgemeinen zu bedenken, für die sie und ihre Familie, damals wie heute, als Teil der Gesellschaft Verantwortung tragen. Es ist wirklich traurig, dass das wunderbare weltweite Wirken der Kirche ignoriert wird! Die größte Wohltätigkeitsorganisation der Welt ist die Katholische Kirche: Sie speist die Armen, kümmert sich um die Kranken und hilft den Bedürftigen in vielen Ländern. So viele Ordensleute weihen ihr Leben guten Werken und bringen oftmals Opfer aus Liebe zu den Nächsten. Wie leicht ignoriert die Welt die Priester und Ordensleute, die ermordet, gefoltert oder vergewaltigt werden, während sie den Bedürftigen helfen! Die große Mehrheit guter Priester, die den Menschen dienen, wird vergessen, während die geringe Anzahl an

Priestern, die schuldig wurden, aufgrund ihrer Untaten ins Rampenlicht gestellt werden!

Ein deutscher Professor für forensische Psychiatrie, Professor Hans-Ludwig Kröber, tätig an der Berliner Charité, erstellte eine Statistik über den Kindesmissbrauch. Von 1995 bis 2010 wurden 210 000 Fälle von Kindesmissbrauch in Deutschland der Polizei gemeldet. Dies ergibt etwa 14 000 Fälle pro Jahr. Davon stammen 94 Täter innerhalb dieses Zeitraums von 15 Jahren aus dem kirchlichen Umfeld. Der Professor stellt fest, dass die Wahrscheinlichkeit, dass zölibatär lebende Männer solche Verbrechen begehen, 36 Mal geringer ist als bei „normalen" Männern.

Die Kirche wird es überleben, dass viele sich wie die Geier auf sie stürzen und versuchen, ihr die Heiligkeit abzusprechen. Wie schon in der Vergangenheit, wird die Kirche gestärkt aus dieser schwierigen Zeit hervorgehen. Verlieren wir nicht den Mut, sondern bleiben wir standhaft in unserem Glauben! Reagieren wir nicht nur mit vergebender Liebe auf die Angriffe gegen die Kirche, sondern ebenso mit einer Liebe, welche die Wahrheit verkündigt und die Kirche in dieser Zeit der Prüfung verteidigt!

Zur Vergebung berufen

3. April 2010

In dieser heiligen Zeit werden wir erinnert an die Erhabenheit, das Wunder und die Macht der barmherzigen und vergebenden Liebe unseres Herrn. Wir werden daran erinnert, wie unser Herr Jesus während Seines göttlichen Opfers zum Vater rief und um Vergebung für die Menschheit bat. Wir werden daran erinnert, wie diese Vergebung durch Sein barmherziges Herz ausgegossen wurde durch das Blut und das Wasser, das sich über die ganze Welt ergoss.

Der Herr hat Seine Vergebung angeboten und bietet sie noch immer an – allen Menschen, selbst den schlimmsten Sündern –, und dies ist die großartige Botschaft von Ostern und unseres katholischen Glaubens. Wie traurig, dass viele Katholiken nicht vergeben können oder wollen! Manche haben vergessen, dass die Vergebung ein wesentlicher Bestandteil unseres Glaubens ist und dass wir bereit sein müssen, allen Menschen zu vergeben, wenn wir wirklich so leben wollen, wie Christus, unser Herr, es von uns wünscht. Wer nicht vergeben kann oder will, kann Christus nicht wirklich kennen.

Unversöhnlichkeit ist ein Hindernis, nicht nur zwischen den Menschen, sondern auch zwischen Gott und Mensch, denn man kann durch den Zorn der Unversöhnlichkeit in die Sünde und in Racheakte hineingezogen werden. Wer nicht vergibt, hält leicht fest an der Bitterkeit, Abneigung und sogar am Hass. All dies widerspricht den Lehren unseres Herrn. Manchmal können die Menschen nicht vergeben, weil ihr Stolz verletzt wurde und weil ihre Unversöhnlichkeit Balsam für ihre Verletzungen zu sein scheint. Andere vergeben nicht, denn das Festhalten an dem Unrecht anderer lenkt sie ab von ihren eigenen Fehlern.

Es ist sicherlich ein Zeichen des Stolzes, wenn der Sünder einem Sünder nicht vergeben kann! Wenn wir nicht vergeben, verweigern wir Christus den uneingeschränkten Zutritt zu unserem Leben, da wir nicht auf Seine Worte hören wollen. Durch die Unversöhnlichkeit sagen wir: „Christus mag zwar allen vergeben, doch ich tue das nicht!“ Oder: „Mein Urteil ist besser als das Urteil Christi!“

Wenn wir nicht vergeben, vergessen wir außerdem, dass wir den Vater (im Vaterunser) darum bitten, uns zu vergeben, so wie wir anderen vergeben. Wenn wir also anderen nicht vergeben, wie können wir da vom Vater erwarten, dass Er uns vergibt?

Ja, es stimmt, dass viele Menschen durch andere schrecklich verletzt wurden, sei es körperlich, geistlich oder emotional. Ja, es stimmt, dass viele schändlich ausgenutzt wurden. Christus wusste gewiss um all das, als Er uns zur Vergebung aufrief. Er sagte nicht: Vergebt einigen, aber anderen nicht! Er sagte, wir sollen allen vergeben, ganz gleich, was sie getan haben. Unser Herr, der mehr gelitten hat, als irgendein Mensch leiden kann, rief noch mit Seinen letzten Worten in Liebe aus: „Vater, vergib ihnen, denn sie wissen nicht, was sie tun!“ Er lebte und starb gemäß den Worten, die Er sprach. Danach auferstand der Herr, um die Macht und Wahrheit jener Worte zu zeigen.

Bleiben wir im Grab der Unversöhnlichkeit gefangen, oder auferstehen wir mit einem liebenden und vergebenden Herzen, gemeinsam mit Christus, um die Höhen der Heiligkeit zu erreichen, zu denen Er uns beruft? Wir haben die Wahl …

Atheismus

18. April 2010
Weltweit gibt es viele Menschen, die behaupten, Atheisten zu sein. Für sie ist die Religion nichts weiter als reiner Aberglaube, der für die meisten oder gar für alle Probleme der Welt verantwortlich ist.

Als ich neulich in den USA unterwegs war, hörte ich, wie der frühere Gouverneur eines Bundesstaates kühn behauptete, alle Kriege seien durch Religionen verursacht worden. Diese Aussage habe ich auch von vielen Atheisten gehört.

Niemand stellte seine Aussage in Frage, was den Anschein erweckte, dass diese auf Tatsachen beruhe. Tatsächlich ist das, was er sagte, natürlich Unsinn. Ein paar Beispiele genügen, um dies zu beweisen:

- In den Kriegen zwischen Frankreich und England ging es generell um Herrschaftsansprüche.
- Der amerikanische Unabhängigkeitskrieg wurde durch die Teesteuer ausgelöst.
- Im Amerikanischen Bürgerkrieg ging es um die Sklaverei.
- Die Kriege Napoleons wurden um die Herrschaft über Territorien und Völker geführt.
- Im Chinesisch-Russischen Krieg ging es um Landansprüche.
- Anlass für den Ersten Weltkrieg war die Ermordung des österreichischen Erzherzogs Ferdinand und seiner Frau in Sarajevo durch serbische Terroristen der (Geheimgesellschaft) „Schwarze Hand“. Eigentlich

ging es um politische Bündnisse und territoriales Machtstreben.
- Im Zweiten Weltkrieg übernahm die Nationalsozialistische Partei Deutschlands die Macht und besetzte andere Länder (z.B. Polen).
- Der Vietnamkrieg wurde gegen die Kommunisten geführt, ebenso der Koreakrieg.

Es gäbe noch viele Kriege aufzuzählen, die nicht durch Religion verursacht wurden. Das soll nicht heißen, dass es keine Religionskriege gegeben hat, doch Religion ist nicht der einzige Grund für Kriege, und in den zwei Weltkriegen ging es keineswegs um Religion. Der Atheismus selbst hat großen Anteil am Ausbruch von Kriegshandlungen. Diese Tatsache wird von Atheisten häufig ignoriert oder geleugnet.

Atheisten behaupten, in einer vom Atheismus geprägten Welt sei vieles bedeutend besser als in einer von Religion beeinflussten Welt, doch bei genauem Hinsehen wird deutlich, dass dies nicht stimmt.

Unter den russischen Kommunisten war das Leben für die meisten Menschen sehr hart, Millionen wurden getötet. In China kostete die Kulturrevolution Maos enorm viele Menschen das Leben und verursachte gewaltiges Leiden. Auch unter Pol Pot und seinem Ideal eines kommunistischen Staates in Kambodscha wurden sehr viele Menschen getötet. Genauso war es unter Ho Chi Minh in Vietnam und unter Kim in Nordkorea.

All diesen atheistischen Staaten ist gemein, dass das Volk kaum Freiheit hatte oder hat, viele wurden gefoltert und getötet, viele haben nichts zu essen und viele wurden inhaftiert, weil sie der Parteilinie nicht folgten. Das Wenige, was an Religion erlaubt war bzw. ist, wurde bzw. wird vom Staat kontrolliert und für seine Zwecke eingesetzt. Dies sind die Früchte des Atheismus.

Kürzlich hörte ich Richard Dawkins, einen bekannten Atheisten. Er behauptete, die Menschen glaubten einzig deshalb an Gott, weil sie dies in jungen Jahren durch ihre Eltern so vermittelt bekamen, und auch aufgrund einer Gehirnwäsche. Er sagte, die Kinder glaubten, weil ihre Eltern es sie gelehrt hätten, und so, wie sie an den Weihnachtsmann glaubten, glaubten sie an Jesus. Er ignorierte aber die Tatsache, dass Kinder, wenn sie älter werden, die Wahrheit über den Weihnachtsmann herausfinden … Auch wenn sie älter und weiser werden, halten viele an ihrem Glauben fest und erfassen in ihrem eigenen Geist, in ihrem Herzen und in ihrer Seele, dass es Gott wirklich gibt. Sie halten aufgrund persönlicher Erfahrungen und Überzeugung am Glauben fest, nicht aufgrund dessen, was man ihnen erzählt hat.

Dawkins' Behauptungen ignorieren außerdem vollkommen, was in Ländern wie Russland geschah, in denen ein atheistischer kommunistischer Staat siebzig Jahre lang an der Macht war. Der kommunistische Staat verfolgte und verbannte die Religion, er tötete und inhaftierte die Gläubigen und ließ sie „umerziehen". Der orthodoxen Kirche wurde eine begrenzte, vom Staat kontrollierte Aktivität zugestanden. Dies war keine Religionsfreiheit. In Schulen und zu Hause war es untersagt, über Religion zu diskutieren oder sie zu lehren. Als Russland nach siebzig Jahren den Kommunismus überwunden hatte, wandten sich viele Menschen dem Christentum zu. Die orthodoxe

Kirche (und in einem kleineren Ausmaß die katholische Kirche) in Russland ist enorm gewachsen, viele Menschen gehen zur Kirche. Sogar der russische Präsident und der Premierminister nehmen an der orthodoxen Liturgie teil.

Vor kurzem ermutigte der russische Premierminister Wladimir Putin die Studenten bei einer Rede an der Universität, sie sollten versuchen, nach der Art des heiligen Franz von Assisi zu leben. Bei einem Fußballspiel in der Osterzeit (am 5. April im Moskauer Lokomotiv-Stadion) rief ein Teil der Menschenmenge, die mehrere Tausend zählte: „Christus ist auferstanden!“, und die andere Hälfte antwortete: „Er ist wahrhaft auferstanden!“

Wie können Dawkins’ Behauptungen dann zutreffen, wenn Menschen, von denen die meistem nichts über Gott gelernt haben bzw. nicht ermutigt worden sind, an Gott zu glauben, Gott aus freien Stücken annehmen? Wie ist es möglich, dass Menschen, die erzogen wurden, Gott zu leugnen und den Atheismus der Kommunisten als einzige Wahrheit zu akzeptieren, in so großer Zahl umkehren und Gott annehmen?

Der Atheismus hat der Welt nicht viel Gutes gebracht, sondern vielmehr zum Verfall der Moral und der Gesellschaft beigetragen. Die Atheisten sagen den Menschen: „Es gibt keinen Gott, genieße das Leben, lebe für das Hier und Jetzt.“ Wie wenn man das Leben nicht genießen könnte, wenn man an Gott glaubt! Welcher Unsinn! Ihr Aufruf, das Leben zu genießen, ist ein Aufruf zur Selbstsucht, weil die Auffassung vertreten wird, man könne tun, was man will, solange es niemandem weh tut. Wird aber Falsches akzeptiert, verletzt dies immer jemanden; manchmal die Person selbst, weil sie durch ihr Tun vielleicht ihren eigenen Körper oder den der anderen erniedrigt, den Respekt vor sich selbst oder gegenüber anderen wie auch das Gefühl der wahren Liebe verliert.

Oft behaupten Atheisten, der Mensch oder die Gesellschaft könne selbst entscheiden, was richtig oder falsch sei. Wie töricht ist das! Was richtig oder falsch ist, hängt nicht von dem ab, was ein Mensch oder eine Gesellschaft glaubt, sondern es ist eine unabänderliche Konstante. Wenn die Menschen entscheiden könnten, was richtig oder falsch ist, würden sich diese Wertvorstellungen ändern wie der Wind, je nach der öffentlichen oder persönlichen Meinung. Was heute richtig scheint, kann morgen falsch sein und umgekehrt.

Die Geschichte ist voller Beispiele dafür, wie Menschen oder die Gesellschaft darüber entschieden haben, was richtig oder falsch ist, und welch schreckliche Konsequenzen dies nach sich zog.

Atheisten sprechen von Toleranz, doch sie sind häufig am intolerantesten, da sie jene lächerlich machen, beschimpfen und angreifen, die an Gott glauben. Ich bin Atheisten begegnet, die verlangten, ich solle beweisen, dass es Gott gebe. Meine Antwort lautet: Beweise mir, dass es keinen Gott gibt! Manche Atheisten erwarten, dass in Schulen oder zu Hause nicht über Religion gesprochen werde, erwarten aber, dass ihre atheistischen Werte gelehrt werden, ungeachtet dessen, was die Menschen vielleicht wollen.

Atheistische Regierungen und Führer zwingen Menschen, die Gott lieben, dazu, Gesetze zu befolgen, die den Gesetzen oder Lehren Gottes widersprechen. Das ist deutlich sichtbar in manchen kommunistischen Staaten und Diktaturen, in denen es an der Tagesordnung ist, jene zu inhaftieren oder gar zu töten, die ihre atheistischen Verordnungen nicht akzeptieren. Natürlich dürfen Christen denen, die nicht an Gott glauben, niemals das Recht des Nicht-Glaubens verweigern. Christen dürfen jedoch niemals atheistische Vorgaben akzeptieren, die dem Weg Jesu widersprechen.

Christen dürfen niemals Veränderungen in der Gesellschaft akzeptieren, die offenkundig Menschen schaden durch den Niedergang der Moral sowie des wahren gegenseitigen Respektes. Christen dürfen niemals ihren Herrn verleugnen, indem sie ihren Glauben verleugnen. Sie müssen Jesus standhaft, jedoch sanft und liebevoll der ganzen Welt als den Herrn verkündigen, ganz gleich, was es kostet.

Die andere Seite der Medaille

1. August 2010

Es ist eine schwierige Zeit für die katholische Kirche, in der sie des sexuellen Missbrauchs innerhalb der Kirche beschuldigt wird. Die Priester und Ordensleute, die sich des sexuellen Missbrauchs schuldig gemacht haben, sollen und werden zur Verantwortung gezogen für ihre schrecklichen Verbrechen an Minderjährigen. Pädophilie ist niemals zu rechtfertigen und sollte stets verurteilt werden. Wer schuldig wurde, muss zu Recht mit aller Härte des Gesetzes zur Rechenschaft gezogen werden.

Die Priester jedoch, die fälschlicherweise beschuldigt werden, zahlen einen hohen Preis, was in den Medien und in der Öffentlichkeit wenig Beachtung findet. Sobald ein Verdacht im Raum steht, ist es oft so, dass einige meinen, es sei etwas Wahres daran und ungeachtet der Tatsachen an dieser Meinung festhalten. Die Medien scheinen manchmal den Standpunkt zu vertreten, dass Tatsachen einer guten Story nicht im Weg stehen dürfen. Manche verfolgen ihre eigenen Absichten, wenn sie die Kirche angreifen und dafür sogar ein Zerrbild der Wahrheit verwenden.

Kürzlich war ich in einem Land, in dem die Medien groß über einen Priester berichteten, der angeklagt worden war, zwei Jugendliche (Mädchen) missbraucht zu haben. In den Nachrichten wurden die Anschuldigungen im Detail erklärt, so dass es schien, als ob der Priester schuldig sei. Am Ende des Berichts folgte ein kurzer Satz, aus dem hervorging, dass eine der Jugendlichen die Beschuldigung zurückgenommen habe und dass das Gericht befand, dass die zweite Beschuldigung haltlos war und nicht zur Verhandlung zugelassen wurde. Wer aber die Story in den Nachrichten hörte, musste den Eindruck gewinnen, dass der Priester schuldig sei.

In Australien, wo ich lebe, wurde ein wunderbarer irischer Priester angeklagt, ein junges Mädchen sexuell missbraucht zu haben. Die Polizei nahm die Ermittlungen auf, und der Priester wurde von den Medien so behandelt, als ob er schuldig wäre. Die Eltern der Jugendlichen stellten fest, dass der Priester die Taten, derer er beschuldigt wurde, nicht begangen haben konnte, weil ihre Tochter im besagten Zeitraum bei ihnen gewesen war. Außerdem war bekannt, dass die Jugendliche sonstige Probleme hatte. Der Priester wurde während der Ermittlungen in der Ausübung seines Amtes eingeschränkt und war sehr aufgebracht darüber, dass er seinen Pflichten nicht mehr frei nachkommen konnte. Diese Anschuldigungen lasteten schwer auf ihm und verursachten ihm großen Stress. Nach einiger Zeit stellte sich heraus, dass die Anschuldigungen nicht wahr waren, so wie viele es erwartet hatten. Etwa drei Monate später starb der Priester. Manche, so wie ich, sehen darin eine Folge des Stresses, unter dem er gestanden hatte.

In einem anderen Land wurde ein sehr bekannter Priester, der u.a. häufig im Fernsehen auftrat, angeklagt, einen jungen Mann belästigt zu haben. Der Priester bestritt dies, wurde jedoch von den öffentlichen Pflichten entbunden und durfte die Messe nur noch im privaten Rahmen feiern, solange die Ermittlungen liefen. All sein Wirken, durch das er viele zur Kirche oder zu einem stärkeren Glauben geführt hatte, kam zum Stillstand. Im Zeitraum mehrerer Jahre stellten drei verschiedene Gerichte die Unschuld des Priesters fest. Nach dieser langen Zeit ist sein priesterlicher Dienst schwer beschädigt und zu unrecht befleckt. Die gute Arbeit, die er geleistet hatte, fand ein Ende.

Dies sind nur drei von vielen, mir bekannten Fällen, in denen der Priester unschuldig war, sein Dienst jedoch aufgrund falscher Beschuldigungen zerstört oder zum Stillstand gebracht worden ist. Ich höre nicht, dass die Medien sich entschuldigen oder ihre unausgewogenen Berichte korrigieren, sobald die Unschuld eines Priesters festgestellt wurde. Manche Medien und jene, die die Katholische Kirche nicht mögen, machen sogar aus offensichtlich haltlosen Beschuldigungen Schlagzeilen, um so der Kirche zu schaden. Oft urteilen sie, bevor das Gericht gesprochen hat.

So manches Mal, wenn man Nachrichten hört oder die Zeitungen liest, kann man den Eindruck gewinnen, dass die Kirche voll sei von Pädophilen und diese aktiv schütze oder verberge. Es wird kaum gesagt, dass die Katholische Kirche im Vergleich zu anderen Organisationen eine niedrige Rate sexuellen Missbrauchs an Minderjährigen aufweist. So wenig wird gesagt über die Offenheit der Kirche in diesen Angelegenheiten – eine Offenheit, die richtigerweise einen gewissen Schutz für diejenigen vorsieht, deren Schuld noch nicht bewiesen ist.

Ist es nicht das Recht derer, die noch keines Verbrechens überführt worden sind, für unschuldig zu gelten, bis das Gegenteil bewiesen ist? Dies scheint jedoch leider nicht für Priester zu gelten, da jedwede Beschuldigung gegen einen Priester vielen schon Beweis genug zu sein scheint.

Wenn es Beschuldigungen über sexuellen Missbrauch gibt, sollte ein Priester natürlich strikter Kontrolle unterworfen sein, bis die Wahrheit ans Licht gekommen ist, wie auch immer sie ausfallen mag. Doch der Priester sollte keinesfalls auf Gedeih und Verderb den Medien ausgeliefert werden, bis die Wahrheit herauskommt. Verdient nicht jeder Mensch einen gerechten Prozess, bei dem die Fakten präsentiert werden und in dem die Richter oder Geschworenen die Wahrheit feststellen? Ich vermute, dass die meisten Menschen dies für sich oder ihre Lieben in Anspruch nehmen wollten, wenn sie angeklagt wären. Sollte dies nicht für alle gelten?

Pädophilie ist ein schreckliches Verbrechen und eine der Geißeln der Gesellschaft. Leider kommt sie in allen Gesellschaftsschichten vor, sie scheint ein Krebsgeschwür der Gesellschaft zu sein, das schwer auszurotten ist. Wir müssen darum beten, dass dieses Übel ausgemerzt werde in der rechten Weise – damit keine Unschuldigen zu Schaden kommen, seien sie jung oder alt, missbraucht oder angeklagt. Beten wir um wahre Gerechtigkeit!

Ich möchte auch jeden dazu ermutigen, einen Priester im Gebet mitzutragen und täglich darum zu beten, dass sein Priestertum gut, heilig und stark sei.

Über das Gebet

27. August 2010

Lieber Herr Pfarrer N. N.,

Sie fragten mich gestern, was ich tue, um Zerstreuungen während des Betens zu vermeiden, und ich antwortete: „Ich bitte den Heiligen Geist, mir beim Beten zu helfen und Zerstreuungen zu vermeiden."

Ich hätte außerdem sagen sollen, dass ich trotzdem noch abgelenkt werde. Doch der Herr sagte mir, ich solle weder aufgeben noch frustriert sein wegen der Zerstreuungen beim Beten. Statt dessen sollten wir erkennen: Beim ausdauernden Beten – auch wenn es schwierig sein mag – ist doch die Ausdauer an sich schon ein Gebet der Liebe und ein Zeichen unserer Liebe zu Gott.

Der Herr sagte auch, ich solle die Ablenkungen als kleine Kreuze betrachten, die ich tragen soll. Und wenn ich es auf mich nehme, sie zu tragen, können durch sie Gnaden Einlass finden – für mich und für andere. Ich sollte auch verstehen, dass die Zerstreuungen oft vom Bösen stammen, um mich vom Beten abzuhalten. Selbst wenn ich mich in einfache Gedanken über das Leben verliere, werden solche Gedanken vom Bösen gefördert, damit ich aufhöre, an Gott zu denken.

So ist das Gebet ein Kampf, in dem sich jeder Mensch mit dem Bösen auseinandersetzt, auch wenn ihm das nicht bewusst sein mag. Es ist ein Kampf, den wir durch Gottes Gnade gewinnen können, wenn wir den Heiligen Geist um die Gnade der Ausdauer bitten, damit wir durch die Zerstreuungen nicht in Gedanken der Selbstsucht, der Enttäuschung oder der Frustration gezogen werden.

Statt dessen sollen wir diese Zerstreuungen Gott aufopfern als ein Gebet der Liebe im Wissen darum, dass sogar ein Gebet voller Zerstreuungen trotzdem ein Zeichen unserer Liebe zu Gott ist, weil wir uns zu beten bemüht und in Liebe Ausdauer beim Beten bewiesen haben.

Gott segne Sie!
Alan Ames

Die Akzeptanz gegenüber der Sünde

6. September 2010
Da ich selbst ein extrem sündhaftes Leben geführt habe, ist mir bewusst, dass die Menschen so leicht die Sünde oder etwas, das offensichtlich falsch ist, akzeptieren können. Wir werden mit der Sünde bombardiert in dem, was wir anschauen, was wir lesen und was wir von anderen hören. In einer solchen Umgebung können Menschen offener für die Sünde sein und dazu gebracht werden zu glauben, dass Unrecht Recht sei. Es ist wie eine subtile und manchmal auch nicht so subtile Gehirnwäsche.

Diverse Interessengruppen propagieren ihre eigenen Pläne, denen die meisten anfänglich nicht zustimmen mögen. Doch im Lauf der Zeit, wenn diese Pläne bekannter geworden sind und ihnen mehr Aufmerksamkeit zuteil wird, kann die öffentliche Meinung umschlagen und tut dies oft auch.

Was in der Vergangenheit von den meisten wohl abgelehnt worden wäre, kann sehr leicht zu etwas werden, das von vielen als normal und richtig akzeptiert wird. Die Stimmen, die sich zugunsten der wahren Werte erheben, werden dann als extremistisch betrachtet und möglicherweise verspottet, dämonisiert oder gar verfolgt, weil sie an dem festhalten, was recht ist.

Heutzutage entscheidet die Gesellschaft, was moralisch korrekt ist und was nicht, ungeachtet der Wahrheit. Wer den Moralvorstellungen der Gesellschaft nicht zustimmt, kann in den Augen mancher zum „Bösewicht“ werden.

Mit Erstaunen sehe ich, wie leicht Menschen verführt werden und wie die Mehrheit von wenigen manipuliert werden kann, um sich den Zielen der Wenigen anzupassen. Die Art, wie die Menschen verführt werden, ist stets ähnlich: Für gewöhnlich wirbt eine Interessengruppe für eine gute Sache, die viele unterstützen würden – doch dahinter verborgen ist die eigentliche Absicht.

Die Umweltpartei ist ein Beispiel dafür. Die meisten Menschen stimmen zu, dass der Planet, die Tiere, die Bäume und unsere Umwelt respektiert und pfleglich behandelt werden müssen, daher werden viele in dieser Hinsicht Sympathie für die Umweltpartei haben. Wer aber sieht dahinter das eigentliche Ziel? Euthanasie, Homo-Ehe, Abtreibung, Legalisierung von Drogen – all dies ist nur ein Teil des Schlechten, das sich dahinter verbirgt.

Ich bin mir sicher: Wenn die Umweltpartei ihre eigentlichen und vollständigen Pläne bekannt machen würde, würden viele sie nicht mehr unterstützen. Natürlich ist es nicht nur diese Partei und ihre Vorsitzenden, die so handeln, sondern auch viele andere politische und öffentliche Gruppierungen.

Es scheint üblich zu sein, den Leuten das Gute zu erzählen, das sie hören wollen, um ihre Unterstützung zu erlangen, das Böse jedoch vor ihnen zu verbergen. Sobald einige dieser Gruppierungen langsam an Einfluss gewinnen, beginnen sie, auf Grundlage ihrer Positionen die öffentliche Meinung dahingehend zu verändern, dass das akzeptiert wird, was die Gesellschaft zuvor niemals akzeptiert hätte.

Es betrübt mich zu sehen, dass die Moral in vielen Ländern fast gänzlich danieder liegt und die Sünde im Leben vieler regiert. Ein Schandfleck der modernen Welt besteht darin, dass die Eltern ihre Kinder jetzt nur wenig oder gar keine Moral lehren, und so wächst die Mehrheit der jungen Generation auf, ohne zu wissen, was richtig und was falsch ist.

Die Welt wird sittenlos und unmoralisch. Der Preis dafür ist, dass so viele im Leben verloren gehen. So viele können keine wahre Liebe finden, denn sie wissen nicht, was wahre Liebe ist. Welche Hoffnung gibt es für die jungen Menschen, eine erfüllte und richtige Beziehung kennen zu lernen, wenn die Person, die Premierministerin eines Landes werden will, mit ihrem Partner in einer De-facto-Beziehung lebt und nicht verheiratet ist? Was für ein Vorbild ist das? Viele in diesem Land haben jedoch dieser Person ihre Stimme gegeben. Sind wir blind für die Sünde, oder ist es uns einfach egal?

Als Katholik bin ich besonders unglücklich über die Führungspersonen in Politik und Gesellschaft, die behaupten, katholisch zu sein, jedoch das unterstützen und fördern, was anti-katholisch ist. Diese Menschen scheinen nicht zu verstehen, dass sie andere durch ihre Worte und Taten in die Sünde führen, weg von Gott. Ich habe gehört, wie manche behaupteten, gute Katholiken zu sein, während sie jedoch Abtreibung, Homo-Ehe, Adoption für gleichgeschlechtliche Paare, Kondome und Legalisierung von Drogen für Abhängige unterstützen. Verstehen sie nicht, dass sie durch das Akzeptieren und Unterstützen dieses Unrechts ihren Glauben und ihren Gott leugnen?

Heute versinkt die Welt in Verwirrung und Leid, das die Sünde mit sich bringt. Das Leben vieler wird beschädigt, zerstört oder entwürdigt. Viele kennen das wahre Lebensglück nicht und mühen sich ab, ohne zu wissen, was in der Welt im Argen liegt und warum. Jetzt ist die Zeit gekommen für alle, die Gott lieben und wirklich versuchen, so zu leben, wie Er es wünscht, aufzustehen und ihren Glauben öffentlich und furchtlos zu bekennen. Jetzt ist die Zeit gekommen, dass das Licht Christi, unseres Herrn, in unseren Herzen die Finsternis erleuchtet. Jetzt ist die Zeit gekommen, um zu sagen: „Es reicht!“

Wie tun wir das? Indem wir ein Vorbild der Liebe und des Mitgefühls sind, wozu uns Jesus, der Herr, berufen hat. Indem wir feststehen in der Wahrheit aller Zeiten und niemals die Sünde oder das Unrecht akzeptieren, das die Gesellschaft uns aufzuzwingen versucht. Indem wir freundlich auf alle zugehen und ihnen die Wahrheit Gottes und des Lebens erklären, und indem wir die frühe Kirche nachahmen, in der so viele für Christus, unseren Herrn, einstanden, ganz gleich, was es kostete.

Lasst uns diejenigen sein, die den Vormarsch des Bösen und seiner Unmoral in der Welt aufhalten, indem wir das moralische Leben führen, für das wir geschaffen worden sind, und indem wir alle wissen lassen, dass wir es tun und warum. Gott stärke uns alle mit der Gnade, die wir benötigen, um wirklich Jünger Jesu, Seines Sohnes, zu sein.

Weihnachtsbotschaft

16. Dezember 2010

In dieser so freudigen Zeit, da wir die Geburt des Herrn Jesus feiern, ist uns die große Gelegenheit geschenkt, Seine Liebe voller Freude zu verbreiten, indem wir alle an das erinnern, was diese Zeit wirklich bedeutet. Heute ist Weihnachten für manche Menschen nichts weiter als ein Feiertag, ein Innehalten von der Arbeit, um Zeit mit der Familie oder Freunden zu verbringen, oder eine Zeit des Feierns. Wieder andere sehen Weihnachten als eine Zeit, in der sie einkaufen gehen und Geschenke austauschen. Manche Unternehmen sehen in Weihnachten lediglich eine Chance, mehr zu verkaufen und mehr Gewinn zu machen.

Wir jedoch, die wir unseren Herrn Jesus Christus lieben und Ihm nachfolgen, sind verpflichtet, allen die wahre Bedeutung von Weihnachten aufzuzeigen und zu Gehör zu bringen. Viele von uns kommen aber leider dieser unserer Pflicht nicht nach, da wir uns so oft in die weltliche und säkularisierte Haltung dieser Zeit verstricken lassen, anstatt in der spirituellen Stimmung dieser herrlichen Feier der göttlichen Liebe zu schwelgen. Wir gehen einkaufen, feiern Partys, genießen die Zeit mit der Familie, entspannen uns, pflegen soziale Kontakte ... Doch häufig denken wir kaum an den Herrn, schenken Ihm wenig Aufmerksamkeit. Ja, wir versenden Weihnachtskarten, machen mit beim Weihnachtslieder-Singen und gehen zur Weihnachtsmesse, doch für die meisten war's das. Das Christkind wird beiseite geschoben, während wir meinen, unsere Pflicht erfüllt, unseren Respekt erwiesen und genug getan zu haben.

Es ist interessant, dass viele Christen über die Kommerzialisierung von Weihnachten klagen. Sie beklagen, dass Weihnachten von der Gesellschaft einfach zu einem weiteren Feiertag gemacht wird. Und doch sind es so viele von uns, die Weihnachten dazu machen. Können wir etwas anderes erwarten, wenn wir uns in unserem Verhalten nicht von anderen unterscheiden? Wie können Christen verlangen, dass Weihnachten geachtet wird, wenn viele von ihnen Weihnachten selbst nicht wirklich achten? Wenn jene, die Christus, den Herrn, lieben, Weihnachten nur oberflächlich feiern, wie können wir da erwarten, dass andere zur Wahrheit über die Geburt des Jesuskindes finden?

Denken wir an diesem Weihnachtsfest und an jedem Weihnachtsfest zuerst und vor allem an das große Geschenk der Liebe, das Gott den Menschen in Seinem einzigen Sohn Jesus gab. Denken wir darüber nach, wie wir Jesus in freudiger Liebe anderen bringen können, denn auf diese Weise kam Jesus auf die Erde: in freudiger Liebe. Gehen wir mit liebevollem Herzen auf alle zu, denen wir begegnen, und wünschen wir ihnen aufrichtig: „Frohe Weihnachten!" und „Gottes Segen!" Lasst uns die Worte nicht einfach nur sagen, sondern sie beten aus der Tiefe unserer Seele. Bitten wir Gott, jedem von uns die Möglichkeit zu schenken, Seine Liebe zu denen zu bringen, denen wir begegnen.

Haben wir keine Angst, freudig herauszurufen, dass der Herr gekommen ist und dass Er in Liebe gekommen ist, um alle Menschen zu erlösen! Entbieten wir selbst denen, die Weihnachten und unseren Herrn Jesus Christus ablehnen, den Segen durch unsere betenden Worte. Mögen wir diejenigen sein, die andere zum heiligen Kind von Betlehem führen, damit sie in Ihm die Heiligkeit finden. Haben wir keine Angst davor, keine Angst, lächerlich gemacht oder abgelehnt zu werden! Mögen wir stattdessen in Liebe Stellung beziehen und der Welt voll

Freude verkünden, dass dies die Zeit ist, um des größten Geschenkes zu gedenken, das der Menschheit je gegeben wurde und gegeben wird: Gottes einziger Sohn, Jesus.

Im Gespräch mit Protestanten

7. März 2011
Auf meinen Reisen begegne ich vielen Menschen aus protestantischen Glaubensgemeinschaften, und ich freue mich immer darüber.

In unseren protestantischen Brüdern und Schwestern erkenne ich oft das starke Verlangen, Gott zu lieben und anderen zu helfen. Ich sehe in ihnen das Verlangen, nach dem Wort Gottes zu leben und es zu kennen. Ihre Kenntnis der Heilige Schrift, so wie sie ihnen präsentiert wird, ist für gewöhnlich sehr gut. In unseren protestantischen Freunden sehe ich einen Boden, der bereits teilweise vorbereitet ist für die Fülle der Wahrheit, in den nur noch die vollständige Wahrheit unseres Herrn und Erlösers Jesus Christus gesät werden muss.

In den vielen Gesprächen, die ich mit Protestanten führe, wird deutlich, dass die Mehrheit von ihnen gute Menschen sind, die lediglich ein bisschen durcheinander gebracht wurden und die Klarheit der vollen Wahrheit in ihrem Leben benötigen.

Wenn ich von der vollen Wahrheit spreche, meine ich natürlich die Wahrheit des heiligen Wortes Gottes, wie es in der heiligen Bibel zu finden ist, die nicht von Menschen verändert oder verfälscht wurde, um ihrem Verstehen oder ihren Absichten gerecht zu werden. Wir müssen bedenken, dass es viele Veränderungen in den protestantischen Bibeln gibt. Ich erinnere mich, dass vor einigen Jahren eine neue Auflage herauskam, in der den Angaben zufolge 20 000 Änderungen vorgenommen worden waren! Dies alles reicht zurück in die Zeiten Luthers und Tyndales, der die englische Bibel herausbrachte.

So wird deutlich: Obwohl viele Protestanten aus der Heiligen Schrift zitieren können, ist die von ihnen zitierte Schrift häufig nicht genau das, was der Menschheit geschenkt wurde. Es scheint auch, dass viele die Bedeutung der Heiligen Schrift so verändern, wie es ihnen passt. Dies entspricht den frühen protestantischen Glaubensstiftern, die verkündeten, dass jeder selbst entscheiden könne, was die Heilige Schrift bedeute. Mit einem solchen Glauben ist es also einfach, das Wort Gottes so zu manipulieren, dass es den eigenen Wünschen entgegenkommt. Natürlich handeln nicht nur Protestanten so, sondern auch einige Katholiken. Der Unterschied besteht darin, dass dieses Tun in den protestantischen Glaubensrichtungen ein akzeptables Vorgehen darstellt.

Aufgrund dieser Manipulation der Heiligen Schrift fällt es vielen leicht, das zu leugnen, was der Herr tatsächlich sagte. Hier folgt das Beispiel einer Unterhaltung, die ich kürzlich führte, und sie gleicht dem, was ich oft im Gespräch mit Protestanten erlebe:

Protestantin: *Warum glauben Sie, Jesus habe nur eine Kirche gestiftet? Es kann doch sicher viele Kirchen geben, die alle gleichermaßen gültig sind, oder nicht?*
Antwort: Nun, der Herr sagte in der Heiligen Schrift, dass es nur eine Herde gebe, deren Hirte er sei (vgl. Joh

10,15–16 und Joh 17,11 und 21–23), und der heilige Paulus sagte ebenso, dass es keine Spaltung geben solle und dass wir alle in Christus vereint sein sollten (vgl. Röm 16,17; 1 Kor 1,10; 1 Kor 11,18; 1 Kor 12,12; Gal 5,20; Eph 4,3+13 usw.)

Protestantin: *Woher wissen Sie, dass Sie die richtige Herde sind und wir nicht?*
Antwort: Es wird deutlich durch die Heilige Schrift und durch den Verlauf der Geschichte des Christentums, dass die eine, heilige, katholische und apostolische Kirche die Kirche ist, die Christus den Menschen gab. Er gründete die Kirche auf dem heiligen Petrus, dem Felsen, indem er sagte (Mt 16,18): „Du bist Petrus, und auf diesen Felsen werde ich meine Kirche bauen." Beachten Sie, dass er Kirche sagte, nicht Kirchen!

Protestantin: *Das galt nur für jene Zeiten, nicht für heute, und Christus sagte das nur zu Petrus. Und Petrus ist nicht mehr da.*
Antwort: Wann sagte der Herr, es gelte nur für jene Zeit? Jesus sagte außerdem zum heiligen Petrus (Mt 16,19): „Was du auf Erden binden wirst, das wird auch im Himmel gebunden sein, und was du auf Erden lösen wirst, das wird auch im Himmel gelöst sein." Als der heilige Petrus seine Vollmacht auf den nächsten Papst übertrug, war das im Himmel gebunden, ganz gleich, was die Menschen sagen. Dies ist ein göttliches Dekret. Daher hat der darauf folgende Papst und alle, die ihm auf den Stuhl des Petrus folgten, diese Vollmacht übertragen bekommen, und sie haben folglich die Macht, auf Erden und im Himmel zu

binden und zu lösen. So werden sie zu dem Felsen, auf den die Kirche gebaut ist.

Protestantin: *Das war nur symbolisch, es war nicht dazu bestimmt, wörtlich genommen zu werden.*
Antwort: Aber Sie sagen doch, dass Sie nach dem Wort Gottes leben, und jetzt sagen Sie, Sein Wort sei nur symbolisch. Warum wollen Sie dann noch danach leben? Und wo sagte der Herr, es sei symbolisch? Er sprach sehr klar und sagte sogar (vgl. Mt 16,18b), die Mächte der Unterwelt könnten die Kirche nicht überwältigen, die Er auf den heiligen Petrus als Felsen baute. Im Gleichnis bei Matthäus, Kapitel 7,24ff, sprach Er vom Bau eines Hauses auf einem Felsen und wie es nicht einstürzte, weil es fest auf dem Felsen erbaut worden war, und Er bemerkte (Mt 7,26): „Wer aber Meine Worte hört und nicht danach handelt, ist wie ein unvernünftiger Mann, der sein Haus auf Sand baute."
Hier sagt der Herr sehr deutlich: „Bau dein Haus, die Kirche, auf den Felsen", von dem Er uns sagte, dass der heilige Petrus dieser Fels sei, und nicht auf den Treibsand der menschlichen Meinungen, die es besser wissen wollen.

Protestantin: *Nein, Er meinte das nicht so! Er sagte auch (Mt 18,20): „Wo zwei oder drei in Meinem Namen versammelt sind, bin Ich mitten unter ihnen." In unserer Kirche beten wir, und Er ist mitten unter uns, und wir prophezeien, beten um Befreiung im Namen Jesu. Es gibt Heilungen, wenn unser Pastor für die Menschen betet. Jesus ist mit uns! Sie aber irren sich!*

Antwort: Ja, Er ist mit allen, die sich versammeln und in Seinem Namen beten, doch dies allein macht jene Menschen nicht zu einem Teil Seiner Kirche. Wenn Menschen zum Herrn beten, sich aber weigern, nach der Fülle dessen zu leben, was Er von uns erbittet, so stellen sie sich durch ihre Entscheidung außerhalb Seiner Kirche. Wenn Sie beten, ist Er da, das stimmt. Doch Er ist da und versucht Sie in die Fülle der Wahrheit zu führen und will Sie nicht in einer Teilwahrheit belassen.

Protestantin: *Warum wirkt Er dann Wunder unter uns? Das zeigt doch, dass wir Recht haben!*
Antwort: Gewiss wird Er Wunder wirken. Der Herr will allen im Leben helfen, und wenn die Menschen Wunder nötig haben, wird Er sie wirken. Dies bedeutet jedoch nicht, dass diese Zeichen Ihre Glaubensrichtung für gültig erklären.

In der Heiligen Schrift, wieder bei Matthäus, Kapitel 7,21–23, erklärte der Herr, was ein wahrer Nachfolger ist: „Nicht jeder, der zu Mir sagt: Herr! Herr!, wird in das Himmelreich kommen, sondern nur, wer den Willen Meines Vaters im Himmel erfüllt. Viele werden an jenem Tag zu Mir sagen: Herr, Herr, sind wir nicht in Deinem Namen als Propheten aufgetreten und haben wir nicht mit Deinem Namen Dämonen ausgetrieben und mit Deinem Namen viele Wunder vollbracht? Dann werde Ich ihnen antworten: Ich kenne euch nicht. Weg von Mir, ihr Übertreter des Gesetzes!“ Der Wille des Vaters ist es, dass die Menschen allem folgen, was Sein Sohn Jesus von uns erbittet, und nicht nur dem, was ihrer Ansicht nach glaubwürdig ist.

Protestantin: *Aber ihr Katholiken tut nicht den Willen des Vaters, darum gab es die Reformation! Durch die Reformation wurde der wahre Weg gefunden!*
Antwort: Ja, es gab Fehler in der Katholischen Kirche, und ich bin mir sicher, dass auch in Zukunft Fehler gemacht werden. Diese Fehler jedoch wurden entweder von sündigen oder von verwirrten Menschen gemacht. Das aber ändert nichts an der Tatsache, dass es *eine* wahre Kirche gibt, die Kirche, die auf dem Felsen des heiligen Petrus erbaut ist, die Kirche, die voll ist von Sündern, die versuchen, nach dem Weg Gottes zu leben.

Protestantin: *Darum war die Reformation so wichtig, sie hat die Fehler berichtigt. Darum sind jetzt nur die reformierten Kirchen die richtigen.*
Antwort: Wie kann das sein, wenn jene, die die protestierenden Glaubensrichtungen gründeten, Menschen waren – und derjenige, der die heilige, katholische und apostolische Kirche gründete, Christus selbst war? Die reformierten Glaubensrichtungen wurden außerdem von sehr verwirrten Männern gegründet. Wussten Sie, dass Luther behauptete, es müsse gesündigt werden und es genüge, dass wir das Lamm annehmen, das die Sünden der Welt hinwegnimmt; die Sünde könne uns von ihm nicht wegreißen, selbst wenn wir tausend Mal am Tag töten oder Ehebruch begehen?

Protestantin: *Das ist nicht wahr!*
Antwort: Doch. Es steht in einem Brief Luthers an Melanchthon vom 1. August 1521 mit dem Titel *Sündige tapfer,* und doch hat Jesus uns gesagt, wir sollen nicht

sündigen (vgl. Mt 5,48; Joh 5,15; Joh 8,11; außerdem Röm 6,15; 1 Joh 3,6+8; 1 Joh 5,18). Also wendet sich Luther gegen das Wort Gottes.

Protestantin: *Sie lügen!*
Antwort: Schauen Sie selbst nach!

Protestantin: *Sie sind ein Lügner! Ich glaube Ihnen nicht!*
Antwort: So schlagen Sie es nach und lesen Sie selbst!

Protestantin: *Nein, ich glaube Ihnen nicht!*
Antwort: Und was ist mit Calvin, der sagte, dass es den Menschen vorherbestimmt sei, entweder in den Himmel oder in die Hölle zukommen? (Die Worte Calvins lauten: Prädestination sei „die ewige Anordnung Gottes, derzufolge Er bei sich beschloss, was aus jedem Menschen werden sollte nach Seinem Willen. Denn sie werden nicht alle mit der gleichen Bestimmung geschaffen, sondern den einen wird das ewige Leben, den anderen die ewige Verdammnis im Voraus verordnet" – Johannes Calvin, *Institutio Christianae religionis* III, XXI, 5)

Wenn das stimmt, warum sollte jemand nach dem Weg Jesu leben, wenn bereits beschlossen ist, wohin man kommt? Wenn es außerdem keine Rolle spielt, was man im Leben tut, weil man prädestiniert sei, so bedeutet dies, dass ein Mensch so viele Sünden begehen kann, wie er will, weil dies nichts daran ändert, wohin er kommen wird. Wenn es eine Vorherbestimmung gibt, warum war dann das Opfer des Herrn notwendig für die Sünder? Warum rief der Herr alle Menschen zur Umkehr auf und dass sie nicht mehr sündigen sollten? Warum kam der

Herr auf die Erde? All dies wäre demnach nicht nötig gewesen!

Protestantin: *Sie wissen nicht, wovon Sie reden.*
Antwort: Finden Sie es selbst heraus. Lesen Sie über das Leben Luthers, Calvins, Heinrich VIII. und sehen Sie, wie diese lebten und was sie tatsächlich sagten. Sie werden überrascht sein!

Protestantin: *Nein, ich glaube Ihnen nicht! Ihr Katholiken seid alle gleich!*
Antwort: Es ist Ihre Entscheidung, doch ich schlage Ihnen vor, wirklich etwas über das nachzulesen, was Sie glauben, indem Sie Nachforschungen über die Geschichte Ihres Glaubens anstellen.

Kurz nach diesem Punkt beendete ich die Diskussion, doch ich hoffte und betete, dass diese Protestantin dem nachgehen würde, was ich gesagt hatte, und ich vertraute auf Gott, dass Er sie in Seine volle Wahrheit und Liebe führen würde.

Ich ermutige alle Katholiken, keine Angst zu haben, mit Protestanten in Glaubensgespräche zu kommen, denn obwohl viele Protestanten die Heilige Schrift wörtlich zitieren können, ist ihr Verständnis und sind ihre Zitate häufig auf Sand gebaut. Katholiken haben das feste Fundament des Felsens Petri und sollten unerschütterlich mit diesem Felsen verwurzelt bleiben. Katholiken sollten ihren Glauben kennen und keine Angst davor haben, ihn mit anderen zu teilen.

Ja, es mag manchmal schwierig sein, doch wenn ein

Same der Wahrheit gepflanzt werden kann, folgt darauf möglicherweise eine große Ernte. Selbst wenn Sie sich hinterher nicht sicher sind, ob Sie irgendetwas erreicht haben: Vertrauen Sie auf Gott, dass die Worte, die Sie in gütiger Liebe gesprochen haben, Frucht bringen.

Seien Sie freundlich, jedoch fest in der Wahrheit. Seien Sie verständnisvoll in Ihren Worten, ohne je die Wahrheit des katholischen Glaubens zu leugnen. Wichtig ist: Bitten Sie stets den Heiligen Geist, dass Er Ihnen die Gnade und Gaben schenke, die Sie benötigen, um wirklich die volle Wahrheit der Liebe Gottes in diesen fruchtbaren Boden zu pflanzen in Seinem Sohn, Jesus, und in der einen wahren Kirche, die Er den Menschen gab – der einen, heiligen, katholischen und apostolischen Kirche.

Das Buch *Was ist Wahrheit* ist ein ideales Werkzeug, um Protestanten zu evangelisieren, weil es viele historische Aussagen Luthers und anderer Initiatoren der Reformation enthält und deutlich aufzeigt, wie ihre Worte teilweise den Worten Christi widersprechen.

Es ist nicht mehr als unsere Pflicht ...

23. April 2011
Er ist auferstanden aus dem Grab! All diejenigen, die den Herrn Jesus wahrhaftig lieben, sollten in Liebe aufstehen und der Welt diese göttliche Wahrheit verkündigen. Das ist es, worum der Herr die Apostel bat; und uns bittet Er, dasselbe zu tun. Gehen wir jeden Tag unseres Lebens hinaus in die Welt und lassen wir andere durch unsere

Worte und Taten an der Wahrheit von Ostern und an der freudigen Liebe teilhaben, die diese göttliche Wahrheit in das Leben bringt!

Bei so viel Elend in der Welt von heute ist es notwendig, dass die Menschen von der ewigen Liebe des Herrn Jesus und von dem ewigen Leben hören, das Er in Seiner Liebe allen anbietet – ob sie es verstehen oder nicht.

Bei so viel Leiden in der Welt von heute sollten die Menschen wissen, dass der Herr Jesus für sie gelitten hat und ihr Leiden teilt. Sie sollten wissen, dass der Herr Jesus da ist, um den Menschen in ihrer schmerzerfüllten Zeit zu helfen und sie zu trösten; und dass Er den Menschen die notwendige Gnade und Kraft schenken wird, alles durchzustehen. Und sie sollten wissen, dass Er die Kreuze von den Schultern der Menschen nehmen wird, wenn ihnen dies zum Besten gereicht.

Bei so vielen Notleidenden in der Welt von heute sollten die Menschen daran erinnert werden, dass im Herrn Jesus alles vorhanden ist, was sie benötigen. Wer im Überfluss lebt, sollte daran erinnert werden, dass der Herr Jesus ihn dazu aufruft, in Liebe mit den Notleidenden zu teilen. Wir sollten daran erinnert werden, dass dies eine Pflicht ist, die uns dazu bringt, Christus in Seiner völligen Selbsthingabe für die Notleidenden nachzuahmen.

Bei so vielen sorgenvollen Herzen in der Welt von heute sollte der Friede Christi allen Menschen verkündigt werden – der Friede, der Ihn auch während Seines Leidens nie verlassen hatte und der in den Herzen derer bleiben wird, die Christus in Liebe annehmen:

- Der Friede, der das sorgenvolle Herz beruhigt.
- Der Friede, der den Konflikten ein Ende setzt.
- Der Friede, in dem zu leben die Menschheit erschaffen wurde.
- Der Friede, den alle kennen und erfahren sollten.

In der Dunkelheit und Sünde gehen so viele Leben verloren, und das Licht Christi muss auf diejenigen fallen, die unterwegs verloren gegangen sind, damit sie den rechten Weg finden können, den sie im Leben gehen sollten. Wir, die wir dem Herrn Jesus nachfolgen, sind dazu bestimmt, die Gefäße Seines göttlichen Lichtes zu sein, die die dunkelsten Niederungen erhellen. Wir sind berufen, ein Leuchtfeuer der Liebe zu sein, das andere zu einem auferstandenen Leben in Christus, unserem Herrn, führt.

Draußen wartet die Welt darauf, die volle Wahrheit unseres auferstandenen Herrn zu hören, und wir sind dazu berufen, die Herolde der frohen Botschaft von Gottes ewiger Liebe in Seinem auferstandenen Sohn, Jesus, zu sein. Erheben wir uns in Liebe und seien wir die Überbringer des ewigen Lichtes des Heils für alle, ohne uns darum zu sorgen, was die Welt über uns denken, sagen oder was sie uns antun mag. Als wahre Nachfolger Christi, unseres Herrn, ist es unsere Pflicht, allen Seine herrliche Liebe zu verkünden und alle am Weg zum Himmel in Ihm teilhaben zu lassen.

Lasst uns nicht gefangen bleiben in dem Grab unserer Ängste, unserer Selbstsucht oder unseres Stolzes! Lasst uns aus demütiger Gottes- und Nächstenliebe unser Ego zur Seite schieben und furchtlos hinausgehen, um allen die Liebe Christi dadurch kundzutun, wie wir leben, wie wir lieben und wie wir unser Leben und die Liebe mit anderen teilen – als Menschen, die mit Christus gestorben und in Ihm zur Auferstehung gelangt sind, als Menschen der Liebe.

Der Maßstab Christi

2. Juni 2011

Wer sich heute in der Welt umschaut, kann viel Leiden und Schmerz erkennen. Es gibt so viele unglückliche Menschen, sie sind verwirrt, verloren und leiden an innerer Leere. Trotz alledem sollten wir weder verzweifeln noch die Hoffnung verlieren oder Angst haben. Es ist einfach, Gedanken und Gefühlen der Hoffnungslosigkeit nachzugeben und apathisch zu werden, wenn man glaubt, man könne nichts tun und müsse sich mit dem Zustand der Welt abfinden, weil die Dinge halt nun einmal so seien, wie sie sind.

Die Medien präsentieren uns täglich in den Nachrichten so viel Trauriges, Leiden und Böses, dass sich ein Gewöhnungsprozess breitzumachen scheint, so dass die Menschen beinahe unempfindlich werden für das, was geschieht, und sie gegenüber der Not anderer gleichgültig werden. Die Betrügereien der Machthabenden untergraben das Vertrauen der Menschen in andere. Wenn die Menschen beginnen, Hoffnung, Vertrauen und Mitgefühl zu verlieren, verschließen sich die Herzen gegenüber Gott und öffnen sich der Finsternis. Diese Finsternis umhüllt die Welt, und wenige erkennen dies.

Wir jedoch als Gefolgsleute des Herrn Jesus sollten den

Mut nicht verlieren! Wir sollten erkennen, dass Gott uns dazu beruft, die Lichter Seiner freudigen Liebe zu sein, die Hoffnung für alle bringen. Wir sollten die Jünger sein, die die herrliche Wahrheit Jesu zu allen bringen in dem Wissen, dass wir dadurch und durch Gottes Gnade Leben verändern, ja, sogar die Welt zum Besseren verwandeln können. Wir können diejenigen sein, die den Menschen helfen, unserem Herrn Jesus zu vertrauen, indem wir den Menschen zeigen, dass sie uns vertrauen können. Wir sind da, um andere in Liebe dem Herrn zuzuführen, damit die Verwirrung sich lichtet, die Leere ausgefüllt wird und die Verlorenen in Ihm den Weg finden.

Damit dies möglich wird, müssen jene, die dem Herrn nachfolgen, selbst zum Atem der Wahrheit werden, der die Täuschungen der Welt hinwegbläst. Wir müssen den Menschen das Gute in der Welt zeigen, indem wir sie die Güte Gottes in uns sehen lassen. Leider tun einige Katholiken dies nicht, da sie selbst über den Zustand der Welt verzweifeln. Manche befürchten, das Ende der Welt sei nahe, und sie verwenden mehr Zeit für diese Thematik als dafür, die Liebe unseres Herrn Jesus mit anderen zu teilen.

Unser Glaube ruft uns auf, nicht zu verzweifeln, keine Angst zu haben und sich keine Sorgen um sich selbst zu machen, sondern wie Christus zu sein: Wir sollen Lichter sein in der Finsternis; Hoffnung bringen, wo es keine gibt; den Unglücklichen das Glück bringen; die Angst durch das Gottvertrauen ersetzen; die Menschen aus der Verzweiflung heraus und zum Herrn hin erheben und sinnentleerte Leben mit der Liebe Gottes füllen.

Lassen wir nicht zu, dass die Menschen Katholiken sehen und sagen: „Die sind ja genauso wie wir!“ Lassen wir sie sagen: „Hier sind furchtlose, freudige, liebende Menschen, und ich möchte so sein wie sie!" Leben wir nach dem Maßstab Christi und richten wir die Fahne Christi in der Welt auf, um alle zu Christus hinzuziehen, so dass alle in Ihm den Frieden und in Seiner göttlichen Liebe das Heil finden können.

Das Siegel, das nicht gebrochen werden kann

26. Juli 2011
Es gibt in Australien und Irland Politiker, die fordern, Priester gesetzlich dazu zu zwingen, das Beichtsiegel zu brechen. Dies ist eine Reaktion auf das schockierende und schreckliche Verbrechen des Kindesmissbrauchs und manche Vertuschungsversuche in der Kirche. Zwar ist es richtig und angemessen, dass jeder, der sich dieses schrecklichen Verbrechens gegen Mensch und Gott schuldig gemacht hat, von der Justiz belangt wird und die verdiente Strafe erhält, doch es ist nicht recht zu versuchen, das Beichtsiegel zu brechen.

Die Heiligkeit des Beichtstuhls beruht auf einem Schwur zwischen einem Priester und Gott, der aus keinem Grund, und sei er noch so abscheulich, gebrochen werden kann. Seit Anbeginn der Kirche, unter vielen verschiedenen Machthabern und Ideologien haben Priester diesen heiligen Schwur gehalten, und einige gaben sogar ihr Leben dafür hin.

Faschismus, Kommunismus, Diktatoren, weltliche und nichtkatholische Gruppen haben es nicht geschafft, Priester und Kirche zu zwingen oder zu überzeugen, diesen Schwur zu brechen. Und wenn Politiker heute meinen, sie könnten es, dann kennen sie wahrhaftig den katholischen Glauben und seine Geschichte nicht, die viele mutige Priester hervorgebracht hat, die an ihrem Versprechen Gott gegenüber festhielten. Dieser Schwur vor Gott ist gewichtiger als die menschlichen Eide, die z. B. Ärzte (hinsichtlich ihrer Schweigepflicht) ablegen und medizinische Fakten wie den HIV-Status ihrer Patienten anderen nicht zugänglich machen, und bedeutender als der Eid von Anwälten, die sich weigern, die Beteiligung ihrer Klienten an einem Verbrechen zuzugeben.

Es macht mich traurig, dass viele Katholiken in dieser Angelegenheit schweigen. Manche glauben sogar, die Politiker hätten recht. Dies zeigt, dass die Menschen ihren Glauben nicht kennen oder dass ihnen die heiligen Wahrheiten ihres Glaubens gleichgültig sind. Da so wenige Katholiken zum Sakrament der Versöhnung gehen, ist es nicht überraschend, dass es keinen großen Aufschrei gegen diese Politiker gibt. Die Menschen sollten diese Forderung als das betrachten, was sie ist – ein Angriff auf den Glauben –, und sie sollten aufstehen und den heiligen, katholischen Glauben verteidigen. Das bedeutet nicht, die gegen Minderjährige begangenen Straftaten oder die teilweise unzureichenden Reaktionen darauf zu ignorieren. Gewiss sollten wir erwarten und verlangen, dass die Kirche die jungen Menschen schützt und jeden anzeigt, der sich solch verabscheuungswürdiger Sünden schuldig macht.

Wir sollten auch erwarten, dass die Kirche ihre heiligen Schwüre Gott gegenüber hält, einschließlich des Beichtsiegels. Wenn die Kirche dem zustimmt, was diese Politiker verlangen, wer ginge dann noch zur Beichte? Wer würde einem Priester Persönliches anvertrauen? Wenn das Beichtsiegel in dieser Sache gebrochen werden kann, könnten die Regierungen mit der Zeit verlangen, dass immer mehr Sünden zur Anzeige gelangen. Autoritäre Regimes könnten sich dies zunutze machen, um die Menschen auszuspionieren und zu kontrollieren.

Unser Glaube würde geschwächt, denn wer würde seine Sünden noch beichten? Dadurch würden die Menschen an der Sünde und an den Problemen, die damit einhergehen, festhalten. Ein Teil unserer Gottesbeziehung besteht darin, dass wir unsere Herzen öffnen, unsere Sünden und Schwächen erkennen und um Seine Vergebung und um die Gnade bitten, unsere Schwächen zu überwinden. Wegen unserer menschlichen Natur ist es oft nicht möglich, selbst die Antworten auf unsere Schwächen zu erkennen, und so schenkt Gott durch den Priester im heiligen Sakrament der Versöhnung die Gnade, den Rat und die Ermutigung, die wir brauchen.

Die göttliche Gnade, die in einer wahren Beichte empfangen wird, ist eine Gnade, die vergibt, heilt, tröstet und stärkt. Es ist auch eine Gnade, die – wird sie ganz angenommen – einen Menschen dazu führt, seine schlimmen Verbrechen zuzugeben und den Konsequenzen ins Auge zu sehen. Die Menschen müssen auch einsehen, dass ein Priester die Absolution im Fall verabscheuungswürdiger Verbrechen verweigern kann und höchstwahrscheinlich auch verweigern wird, bis die betreffende Person sich den entsprechenden Autoritäten stellt.

Die Beichte der Sünden ist ein Pfeiler des katholischen

Glaubens, und alle Katholiken sollten aufstehen und diese heilige Gabe Gottes verteidigen. Kein Katholik sollte in irgendeiner Weise jene unterstützen, die den Bruch des Beichtsiegels fordern, denn sonst würden sie jene unterstützen, die den Glauben schwächen. Die Argumente dafür mögen gerechtfertigt erscheinen, doch sie sind es nicht. Als Katholiken müssen wir das, was heilig ist, dem Willen der Menschen vorziehen, selbst wenn der menschliche Wille eine Antwort auf ein Problem zu sein scheint.

Denken Sie auch daran, dass der Papst und die Hierarchie der Kirche hart daran arbeiten, um zu gewährleisten, dass solche Dinge nicht mehr geschehen. Oft wird es so dargestellt, wie wenn die Kirche wenig oder nichts tue oder es in ihr nur Menschen gebe, die Übeltäter zu schützen versuchten. Natürlich ist das nicht die Wahrheit, wie jeder sehen kann, der sich die Zeit nimmt, die (kirchlichen) Richtlinien für den Umgang mit diesen Angelegenheiten zu lesen.

Es stimmt: Es wurden schlimme Fehler gemacht, doch diese haben einzelne Menschen begangen, nicht die Kirche. Wenn man die Medien hört, scheint es, die Kirche sei ein Reich des Bösen und nicht die heilige Kirche, die sie in Wirklichkeit ist. Wir sollten überlegen, in wessen Interesse es ist, dass die Menschen so denken, und weshalb. Natürlich kommt einem da sogleich der Vater der Lüge in den Sinn.

Stehen wir auf und zeigen wir Flagge! Rufen wir nach wahrer Gerechtigkeit, und sagen wir den Politikern, Regierungen und der Welt mit Nachdruck, dass wir *niemals* akzeptieren werden, dass das Beichtsiegel gebrochen wird!

Eine Warnung

5. Oktober 2011
Im Jahr 1994 trat Gott in mein Leben und befreite mich aus meinem selbstgemachten Gefängnis der Sünde und der Weltlichkeit. Von Anfang an bis heute, seitdem ich in meinem neuen Leben für Gott anderen Menschen begegne, gibt es einen beständigen Informationsfluss und Botschaften über die Endzeit, die ich von anderen höre.

Zuerst versicherten mir viele Katholiken, im Jahr 1998 werde die Welt untergehen oder eine Warnung an die Menschheit ergehen, doch nichts traf ein. Dann kam das Jahr 2000, wieder geschah nichts. Seither wurden verschiedene Daten genannt, zuletzt das Jahr 2012. Manche bringen dieses Datum mit einem alten Mayakalender in Verbindung und meinen, er sage für 2012 das Weltende voraus. Bisher ist nichts eingetreten, und ich bin zuversichtlich, dass 2012 vergehen wird, ohne dass die Welt endet. Ich blicke jedenfalls über das Jahr 2012 hinaus, um Gott auf Erden zu dienen, und wenn es Sein Wille ist, werde ich dies auch tun.

Wie traurig, dass so viele Katholiken begierig sind, von der Endzeit zu hören und sich an die Schreckensbotschaften klammern, die weltweit verbreitet werden! Als Katholiken sollten wir uns nur an den Herrn klammern und auf eine bessere Zukunft in Ihm hoffen. Wir sollten an Seine Worte glauben und auf sie vertrauen, in denen Er sagte, dass niemand außer dem Vater die Zeit kennt, zu der die Welt enden wird (vgl. Mt 24,36). Wenn jemand behauptet, er kenne die Zeit und die Stunde, widerspricht er den Worten Christi und leugnet diese.

Manche Menschen lassen sich heute in Dinge verwickeln, die dem Wort Christi widersprechen. Anscheinend finden diese Menschen die Gedanken an das Weltende und die Katastrophen aufregend. Gewisse Personen behaupten, die heutigen Katastrophen seien ein Zeichen für das nahe Ende. Doch hat es immer Katastrophen gegeben, sie sind Teil der Menschheitsgeschichte, seit wir zum ersten Mal sündigten, und sie werden sich fortsetzen bis ans Ende der Zeit.

Manche Menschen leben in der Angst, dass das Ende der Welt nahe sei. Wir sollten aber keine Angst haben und, wie Christus sagte, sollten wir uns aufrichten und unsere Häupter erheben (vgl. Lk 21,28) und in Seiner Liebe Seine ewige Umarmung erwarten.

Mir scheint, dass das aufgeregte Interesse der einen sowie die Angst der anderen vor der Endzeit auf einen schwachen Glauben zurückzuführen ist. Wenn man ein sakramentales Leben führt und für Christus lebt, indem man den einen, heiligen, katholischen und apostolischen Glauben ganz annimmt, sollte es weder Raum geben für Angst noch Bedarf an dieser Art von Aufregung.

Ganz im Glauben zu leben nimmt diese Angst. In und für die Sakramente zu leben, erfüllt einen mit der aufregenden Liebe Gottes. Als Menschen, die Gott vollkommen vertrauen, sollte jeder von uns täglich nach dem Beispiel Jesu, unseres Herrn, leben – Jesus, der sich nie fürchtete; Jesus, der Sein Herz für alle öffnete, damit jeder Mensch in Seiner Liebe Geborgenheit finden kann; Jesus, in dem alles Aufregende, das wir brauchen, zu finden ist.

Wie können wir ein Vorbild für andere sein, wenn wir Angst haben oder nur auf das Ende der Welt starren? Wie können wir anderen das Herz Christi zeigen, wenn wir an eine heidnische Maya-Prophezeiung glauben und die Worte Christi ignorieren?

Manche glauben, andere kämen zurück zu Gott, wenn sie ihnen vom nahen Weltende erzählten. Menschen, die aus Angst zurückkommen, gehen schnell wieder, wenn sie merken, dass etwas nicht eintraf oder eine Prophezeiung sich nicht erfüllte. Menschen, die in und aus Liebe zurückkommen, tendieren dazu zu bleiben. Sie haben einen echten Glauben, wohingegen die, die aus Angst zurückkommen, oft aus Eigeninteresse oder aus dem Gedanken heraus handeln, sich selbst zu retten. Doch was für ein Glaube ist das?

Als Gefolgsleute des Herrn Jesus Christus sollten wir jeden Tag so leben, wie wenn es unser letzter wäre. Generell wissen wir nie, wann wir unseren letzten Atemzug tun werden. Anstatt uns also darum zu sorgen, was in der Zukunft geschehen könnte, sollten wir uns darum kümmern, heute richtig zu leben, denn heute könnte der Tag sein, an dem wir im Tod Christus begegnen.

Denken wir daran, dass unser Herr Jesus Christus jeden von uns dazu beruft, ein liebender, freudiger und furchtloser Mensch zu sein. Werden wir dem gerecht, damit andere in uns den Herzensfrieden erkennen können, den Christus in Seiner Liebe allen anbietet! Ich ermutige euch alle, jeden Tag so zu leben, wie wenn es euer letzter wäre; sich nicht mehr über die Zukunft zu sorgen und sich um das Heute zu kümmern. Lebt jeden Tag als einen katholischen Tag in dem Wissen, dass euch, wenn ihr so lebt, das ewige Leben mit Gott erwartet. Gott segne euch mit Seiner Liebe und Seinem Frieden!

Das Weihnachtsgeschenk

6. Dezember 2011

Wieder ist die frohe Zeit der Geburt unseres Erlösers gekommen, und wir werden an den großen Segen Gottes erinnert, der als Mensch auf die Erde kam. Mit diesem großartigen Akt der Demut und Liebe zeigte Gott der Menschheit, dass Er kein ferner Gott ist, sondern der eine wahre Gott, dessen Verlangen es ist, nicht nur im Geiste bei uns zu sein, sondern auch im Fleisch. Der eine Gott offenbarte die Tiefe Seiner Liebe zu den Menschen, indem Er Seinen einzigen Sohn sandte, damit die Menschen erkennen, dass wir wahrhaftig die Familie Gottes sind und wirklich von Gott geliebt werden.

In diesem heiligen Moment in Betlehem tat der Erlöser der Menschheit Seinen ersten Atemzug und hauchte damit einen neuen Anfang über die Menschheit. In Seinem göttlichen Hauch blies der erneuernde Atem Gottes die alten Missverständnisse hinweg und ersetzte sie mit der vollen Wahrheit der Liebe Gottes.

Im ersten Herzschlag des heiligen Kindes von Betlehem außerhalb des Mutterschoßes war einzig Liebe; die Liebe zu Seinem Vater und zu den Menschen. Mit diesem Herzschlag begann eine neue Liebesbeziehung zwischen Gott und Mensch. Jeder weitere Herzschlag Seines heiligen Lebens war dem ersten Herzschlag gleich, denn Sein Herz hörte nie auf zu lieben und zu zeigen, wie sehr Gott die Liebe der Menschen schätzte.

Als unser göttlicher Herr Seine Augen öffnete, erblickte Er zuerst Seine Mutter Maria, und Er schaute sie mit Liebe an. Dann sah Er Josef in Liebe an und erkannte in den beiden, wie die menschliche Liebe sein kann: rein und heilig. In diesen beiden Menschen sah Er, wozu die Menschheit geschaffen wurde. Als Seine Mutter Ihn in den Armen hielt, Ihn an ihre Brust drückte und Ihn sanft wiegte, fühlte der Herr, Jesus, ihre Liebe und den Trost, der darin lag. Gleichzeitig wurde sie von der Freude der göttlichen Liebe des Herrn erfüllt, die sie berührte.

Jetzt blickt der Herr, Jesus, uns alle mit denselben Augen an, die Josef und Maria ansahen, und Er schaut mit Liebe auf uns. Er schaut jeden von uns an und begegnet uns mit demselben Herzen der Liebe, das Gnade in Fülle ausgießt; Gnade, welche die Menschheit durch Seine selige Mutter Maria zu Ihm führt.

Er ruft die Menschen auf, die Umarmung der tröstlichen Liebe Seiner Mutter anzunehmen und sich in Liebe mit ihr und dem heiligen Josef zu vereinen, damit unsere Herzen wie eines schlagen, wenn wir zu Ihm kommen. Er haucht Seinen Heiligen Geist aus, um alle Menschen in ein reines und heiliges Leben zu ziehen als ein Teil der Heiligen Familie Gottes, damit wir Ihm nahe sein und freudig in Seiner Liebe leben können – wozu wir erschaffen worden sind.

An diesem Weihnachtsfest macht sich Gott uns einmal mehr zum Geschenk der Liebe, indem Er sich in Demut selbst verschenkt. Wir sollten nicht blind sein für das, was uns angeboten wird, und wir sollten auch anderen helfen, das große Geschenk der Liebe zu begreifen, das Gott der Menschheit gegeben hat. Dies tat Er nicht, weil es Ihn größer machen würde, sondern weil es jeden von uns größer machen kann, wenn wir das Angebot annehmen und wirklich zu der Heiligen Familie Gottes werden.

Das kommende Jahr

26. Januar 2012

In der Hoffnung, dass viele gesegnet werden und die wahre Liebe Gottes in Seinem einzigen Sohn Jesus finden, wollen wir alle auf das vor uns liegende Jahr blicken. Nur in Seiner Liebe ist der wahre Friede im Leben und auf Erden in Fülle zu finden. Nur in Seiner Liebe ist das Leben vollkommen und vollständig. Nur in Seiner Liebe können Wahrheit, Güte und Mitgefühl, die zum Leben gehören sollen, in ihrer höchsten Vollendung entdeckt werden. Einzig in Seiner Liebe ist die ewige Glückseligkeit göttlicher Liebe erfahrbar.

Ich bete täglich für alle Menschen – nicht nur für diejenigen, die ich kenne oder die um Gebet bitten –, dass sie von Gott berührt und gesegnet werden und ein neues Leben in Christus finden. Ich bitte euch alle darum, euch diesem Gebet anzuschließen (wobei ich mir sicher bin, dass viele von euch bereits dafür beten), denn die heutige Welt ist eine Welt mit so wenig Liebe, Hoffnung und Mitgefühl. So viele Menschen erfahren wenig Glück und leben in Verzweiflung. So viele kennen die Liebe Gottes nicht, und so viele wissen überhaupt nicht, was Liebe ist.

Wenn wir uns im Gebet vereinen, ergießt sich die Gnade unseres Herrn Jesus durch unser Gebet und wird das Leben anderer verwandeln. Es ist wichtig, dass wir Ausdauer zeigen und uns bewusst sind: Selbst wenn wir es nicht sehen oder verstehen, so ist Gottes Gnade dennoch am Werk, und Menschen ändern sich.

Ich danke euch für all eure Gebete und bitte euch, für die Menschen in der Welt zu beten, die es mehr verdienen als ich: die Armen und Bedürftigen; jene, die Gott oder Seinen Sohn Jesus nicht kennen; und jene, die sich in der Finsternis verirrt haben. Gottes Liebe sei mit euch!

Glaube und Gewissen

13. Februar 2012
In letzter Zeit versuchen gewisse Regierungen, Katholiken dazu zu zwingen, ihren Glauben und ihre Überzeugungen zu verleugnen und gegen ihr Gewissen zu handeln. Unser Glaube kann nicht dem Willen einer Regierung unterliegen, sonst wäre er nichts anderes als Säkularismus unter dem Mäntelchen des Glaubens. Und wenn die Regierung einmal wechselt, könnte außerdem auch ein Glaubenswechsel anstehen.

Unser katholischer Glaube sollte eine Liebesbeziehung zwischen Gott und dem Menschen sein: Eine Beziehung, in der die Menschen nach Kräften so zu leben versuchen, wie unser Herr Jesus es von uns wünscht. Eine Beziehung, die Gott vor und über alles andere stellt, und in der wir in allen Dingen Seinem heiligen Willen gehorsam sind.

Wenn wir versuchen, als Katholiken zu leben, werden wir mit den Augen der himmlischen Liebe zu sehen beginnen, und so wächst in uns eine Abneigung gegen die weltliche Haltung, die sich dem Willen Gottes widersetzt, während wir versuchen, für Gott zu leben.

Unser Gewissen leitet uns durch Gottes Gnade an zu erkennen, was richtig und was falsch ist. Unser Gewissen ist ein Ausdruck des Verlangens unserer Seele, Gott nahe und von Seiner göttlichen Liebe erfüllt zu sein. Unser

Gewissen bewirkt, dass wir auf dem rechten Weg bleiben und Irrtum sowie Sünde meiden. Unser Gewissen ist ein Schatz der Gnaden, doch leider hören wir nicht immer darauf; wir hören stattdessen auf die schamlosen und angeblich klugen Argumente der Welt.

Unser Gewissen enthüllt, wer wir wirklich sind, was für eine Person wir sind, und wenn wir darauf hören, hilft es uns zu erkennen, wer wir sind. Es ist ein großer Segen von Gott, dass wir dieses Gewissen haben – ein Segen, den alle erhalten haben, aber nicht alle respektieren ihn.

Im Verlauf der Kirchengeschichte haben so viele Menschen alles dafür gegeben, um nach dem Gewissen zu leben, das Gott ihnen schenkte. Viele haben das größtmögliche Opfer gebracht, um Gott und ihrem Gewissen treu zu bleiben. Der Kommunismus, Faschismus, Diktaturen und Religionen, die sagen: „Bekehre dich oder stirb!" waren nicht in der Lage, die wahrhaft Gläubigen und ihre Liebesbeziehung mit dem einen wahren Gott, der Heiligen Dreifaltigkeit, zu überwältigen. Das Blut der heiligen Märtyrer floss in Strömen aus Liebe zu unserem Herrn Jesus und aus Liebe zu dem Glauben, den Er uns schenkte. Diese Ströme ergießen sich über die Welt und tränken sie mit der sich opfernden Liebe zu Gott.

Heute versuchen säkulare, sozialistische und sündige Führer, die Katholiken dazu zu zwingen, ihren Glauben und ihr Gewissen zu verleugnen. Dies geschieht mit einem Lächeln und den Argumenten, es sei zum Wohl der Menschen, wenn die Christen ihren Glauben und ihre Moral aufgeben, zu der sie doch von Gott her berufen worden sind. Wenn die Christen diese Argumente annehmen und sich dem Willen ihrer Führer beugen, wird die Welt schlimmer, nicht besser. Es ist nicht möglich, Christ zu sein und der Welt zu folgen, statt Christus.

Wenn wir dem Willen Christi folgen, macht jeder Einzelne die Welt besser, da Seine Gnade durch sie hindurch fließt zum Segen der Welt. Wenn Christen feststehen im Glauben und ihren Glauben und ihren Gott nicht verleugnen, können sie Christus ähnlich werden. Nach dem Weg Gottes zu leben, kann manchmal Opfer, Leiden und Verfolgung bedeuten. Wenn jeder Einzelne dies versteht und akzeptiert, kann er sich dem Bösen entgegenstellen und es überwinden.

Lasst uns fest bleiben, so wie die mutigen und heiligen Märtyrer in der Vergangenheit fest blieben in ihrem Glauben und ihrer Liebe zu Gott, ganz gleich, was es kostet. Lasst uns dasselbe tun wie die Märtyrer, die ihre Augen zum Himmel erhoben und riefen: „Dein Wille, nicht meiner!" Lasst uns dasselbe tun wie die Märtyrer, die sich in Liebe dem Bösen widersetzten, das die Welt den Menschen aufzuzwingen versuchte.

Jetzt ist für alle Christen die Zeit gekommen, aufzustehen und für Christus einzustehen. Jetzt ist für alle Christen die Zeit gekommen, „Es reicht!" zu sagen. Jetzt ist für alle Christen die Zeit gekommen, jene Anführer zu unterstützen, die wirklich christlich sind – nicht jene, die behaupten, christlich zu sein, doch durch Wort und Tat zeigen, dass sie anti-christlich sind.

Erhebt eure Stimme! Sorgt dafür, dass euer Gott lächelt, wenn Er sieht, wie stark eure Liebe zu Ihm ist, wenn ihr in Liebe eure Stimme für Ihn erhebt.

Vereint

11. Oktober 2012
Die Welt ist so sehr in Aufruhr, daher lasst uns vereint im Gebet darum bitten, dass der Friede Christi, unseres Herrn, in jedes Herz, in jedes Leben und in jede Gesellschaft einziehen möge. Nur in Seinem Frieden kann die Menschheit ihr volles Potenzial erreichen und ein wahrhaftig glückliches und vollkommenes Leben finden.

Heute versinkt die Welt in Verwirrung, Aufruhr und Unsicherheit, die davon rührt, dass so viel Unrecht des Bösen akzeptiert, die Wahrheit Gottes aber ignoriert oder abgelehnt wird. Heute hat sich die Finsternis wie eine Decke über viele gelegt und macht sie blind für den wahren Weg des Lebens in unserem Herrn Jesus Christus. Deshalb leiden so viele Menschen. Menschenleben, Familien und Zivilisationen werden aus der Bahn geworfen, und die Welt scheint nicht in der Lage zu sein, eine Antwort zu finden, um all diese Probleme zu lösen.

Als Menschen, die Jesus nachfolgen, sind wir verpflichtet, jede Bemühung auf uns zu nehmen, die Welt und das Leben zu verändern, indem wir der Welt Seine Liebe in unserem Leben zeigen und die Welt durch unser Leben Seine Gnade erleben lassen. Dies bedeutet, dass wir so leben müssen wie unser Herr Jesus. Dies bedeutet, dass wir allen den Frieden bringen sollten, so wie Er. Wir müssen für alle beten, so wie Er es tat. Wir müssen versuchen, alle auf den rechten Weg zu führen, der zum Himmel führt – auf den Weg Jesu. Es ist derselbe Weg, auf den Jesus uns führte. Wir müssen bereit sein, für alle Opfer zu bringen, so wie Christus für alle Opfer gebracht hat.

Unsere Schultern sollten bereit sein, die Kreuze anderer zu tragen, und wir sollten bereitwillig unser Leben hingeben, um für andere zu leiden. Wir müssen diejenigen sein, die hell aufstrahlen in der sanften Liebe Christi, um den Hass des Bösen aus der Welt zu entfernen. Wir müssen unterwegs sein wie Christus, mit einem Herzen, das für alle offen ist. Wir müssen die Wahrheit Gottes allen verkündigen und nie von dieser göttlichen Wahrheit abrücken. Wir müssen der Welt zeigen, dass die Antwort auf ihre Probleme in unserem Herrn Jesus Christus zu finden ist. Dazu sind wir berufen. Das ist der Sinn unseres Lebens. Dafür wurden wir erschaffen.

Heute fragt unser Herr Jesus einen jeden von uns, die wir Ihn lieben: „Kannst du diesen Kelch trinken?“ (vgl. Mt 20,22). Ich bete darum, dass ich es kann, und ich bete darum, dass ihr es könnt, damit wir, vereint im Kelch der göttlichen Liebe, unseren Herrn und Erlöser Jesus Christus wirklich nachahmen und die Welt so zur Vernunft bringen. Ich bete auch darum, dass dies euer Gebet sei für euch selbst und für andere. Gott erfülle euch mit jeder Gnade und allem Segen!

Die heilige Osterzeit

3. April 2012
In der heiligen Osterzeit zeigte der Herr Jesus, wie barmherzig und zart Seine Liebe zu den Menschen ist. Obwohl Er schrecklich litt, bat Er den Vater einzig darum, Erbarmen mit den Menschen zu haben. Obwohl der Herr Jesus alle Macht Gottes hatte, setzte Er diese Macht nicht dazu

ein, jene zu vernichten, die Ihn misshandelten. Vielmehr schaute Er trotz Seiner Schmerzen in zärtlicher Liebe auf die Schwachheit der Menschen und streckte sich nach ihnen aus, um ihnen zu helfen, ihre Fehler zu überwinden.

Sein gütiges und göttliches Herz steht allen offen. Und so nahm der Herr das Leiden an, das Ihm auferlegt wurde, um das von der Sünde verursachte Leiden der Menschen mit sich ins Grab zu nehmen und die Menschen in Seiner Auferstehung zu erheben und aufzurichten. So bietet Er ihnen die Gnade an, durch Sein göttliches Opfer die Sünde zu überwinden.

Der Herr Jesus offenbarte den Menschen die wahre Natur Gottes: jene Natur, die Liebe und Erbarmen, Zärtlichkeit und Vergebung ist.

Viele sind blind dafür und sehen nur einen autoritären Gott, der den Menschen Befehle erteilt und diejenigen schwer bestraft, die Seinem göttlichen Willen auf Erden nicht gehorsam sind. Manche meinen, Gott sei weit weg und man müsse Ihn fürchten. Jesus aber zeigte in Seinem Leben und Sterben, dass Gott nicht so ist. Er erinnerte die Menschen mit Seinem Opfer daran, dass Gott Liebe ist; dass Gott die Menschen liebt und bereit ist, alles zu geben, um die Menschen zu retten; dass Gott barmherzig ist und vergibt; dass Gott nicht das Leiden der Menschen will, sondern dass die Menschen in Ihm frei seien von Schmerz.

Als Gefangener am Kreuz offenbarte der Herr allen den Weg zur wahren Befreiung aus der Sünde und dem Bösen, damit die Menschen im Licht Seiner Liebe leben und glücklich sein können. Gott handelte so, weil Er die Menschen liebt und sie in Seine göttliche Herrlichkeit hinein erheben will – nicht weil dies Ihn, sondern weil dies die Menschen größer macht.

Die Botschaft vom Kreuz ist da, dass alle sie sehen. Und wenn alle den Heiligen Geist darum bitten, sie wirklich zu sehen, werden alle die Wahrheit der Liebe Gottes erkennen: die Botschaft der vergebenden Liebe, der barmherzigen Liebe, der leidenden Liebe, der zärtlichen Liebe und der Liebe, die allen sagt: Ich bin für jeden von euch da.

Weihnachtsbotschaft

15. Dezember 2012
In dieser gesegneten Jahreszeit sind viele, auch wenn sie es nicht erkennen, Teil der Geburtstagsfeier unseres Herrn Jesus, denn jedes Mal, wenn die Leute einander „Frohe Weihnachten" (engl.: Merry Christmas) wünschen, verkündigen sie die Freude über die Geburt des Herrn. Wir, die wir Christus kennen und lieben, sollten aus den Worten „Frohe Weihnachten!" ein Gebet für jene machen, an die wir sie richten. Lasst uns in jenen Worten den Schwerpunkt auf Christus legen, und beten wir innerlich darum, dass jene, die das Wort Weihnachten hören, dadurch berührt werden mögen von der Liebe Christi.

Wir dürfen hoffen, dass wir dadurch Christus in das Leben dieser Menschen tragen, damit sie in Ihm und in Seiner heiligen, katholischen Kirche neu geboren werden. Das ist das größte Geschenk, das wir anderen machen und anbieten können. Das ist der wahre Geist, in dem die Worte ausgesprochen werden sollen; der Heilige Geist, der die Fröhlichkeit in die Herzen der Menschen bringt, während sie von der Liebe unseres Herrn und Erlösers Jesus Christus berührt werden.

Wir, die wir das Jesuskind betrachten, sind aufgerufen, mit kindlicher Liebe zu allen zu gehen und das heilige Kind mit uns und durch uns in das Leben der anderen zu bringen. Weihnachten bringe Euch reichen Segen, und das Neue Jahr sei erfüllt von der Liebe Gottes.

Wenn Gott ein Leben berührt

4. Februar 2013
Wenn Gott ein Leben berührt, so geschah und geschieht dies jedes Mal mit und in Liebe, denn Er ist die Liebe. Das von Seiner göttlichen Liebe berührte Leben ist nie mehr dasselbe, da das Wissen um die Liebe Gottes den Menschen antreibt, ein besserer Mensch zu sein. Obwohl es manchen nicht gelingt, da sie vom Bösen in Versuchung geführt werden, so tragen sie doch in ihrem Herzen das Wissen darum, dass Gott sie liebt. Und die Hoffnung besteht, dass die Stärke dieser göttlichen Liebe in Zukunft die Schwachheit des Menschen – seinen Stolz und seine Angst – überwinden wird.

Wenn Menschen, die zur Kirche gehören, andere sehen, die von Gottes Liebe berührt wurden, und wenn sie auf diese Menschen zugehen und ihnen helfen, die Liebe Gottes im katholischen Glauben und in den Sakramenten kennenzulernen und anzunehmen, so werden diese Menschen sich nicht mehr so schnell (von Gottes Liebe) abwenden. Die Liebe Gottes in unserem Leben muss ständig genährt und gestärkt werden. Das kann man nicht alleine tun. Jeder benötigt die Hilfe anderer, um die Gnade zu suchen und zu finden, die Gott uns in Seiner Katholischen Kirche und in den Sakramenten anbietet.

Daher ist es die Pflicht derer, die zur Kirche gehören, sich stets zu bemühen, anderen zu helfen; besonders jenen, die die Liebe Gottes neu entdeckt haben und von Seiner Liebe berührt worden sind. Manchmal ist es eine große Versuchung, sich abzuwenden und zu sagen: Jemand anderes soll das tun! Man denkt so leicht nur an das Wachsen des eigenen Glaubens und an den eigenen Weg mit Gott.

Unser Glaube jedoch wird nicht wachsen und unser Weg wird mehr vom Ego als von Gott geprägt sein, wenn wir anderen nicht helfen. Der Böse wirkt durch den Stolz und die Ichbezogenheit der Menschen, um sie von dem Leben abzubringen, das sie eigentlich Gott widmen sollten – einem Leben im Dienst für Gott und die Nächsten; einem Leben, das auf Gott ausgerichtet ist und darauf, andere zu Gott zu bringen.

Der göttliche Geist der Liebe berührt in diesen Zeiten viele Herzen und Seelen, so wie Er es immer getan hat. Gott hofft, dass die, die Seine Liebe kennen, wissen werden, dass sie berufen sind, jene zu stärken, die Seine göttliche Liebe neu erfahren. Sie sind berufen, Dünger für jene zu sein, die neu sind im Glauben, damit die „Neuen" zu einem hellen Feuer der Liebe Gottes und zu dem Feuer werden, das die Liebe Gottes im Leben anderer entzündet, die sie kennen.

Der Herr legt den Samen in das Leben vieler, und Er bittet die, die Ihm nachfolgen, die Pflanzen zu hegen, zu pflegen und sie in Seiner Liebe zu ernten. Werden wir dem Ruf Gottes folgen, oder wenden wir uns ab, um andere das tun zu lassen, was wir tun sollten?

Ich Bin die Liebe

28. März 2013

Der Herr Jesus öffnete Sein Herz in der leidenden Liebe am Kreuz. Er schrie im und durch den Schmerz Seine Liebe zu den Menschen heraus. Er flehte alle an, in Liebe zu Ihm zu kommen, um Seine göttliche Vergebung zu empfangen. Er rief zärtlich: ‚Kommt zu Mir!', ohne dafür etwas zu erbitten, außer dass die Menschen nach Kräften versuchen, Ihn zu lieben.

Die Worte des Herrn hallen wider durch alle Zeiten. Sie klopfen an jedes Herz, an jede Seele; sie sind erfüllt vom Schmerz über die Sünden der Menschen und von der Liebe zur Vergebung für die Menschen.

Hoch auf dem Hügel, am Kreuz hängend, zeigte der einzige Sohn Gottes den Menschen die Tiefe und Wahrheit der Liebe Gottes. Während Sein Fleisch von den Nägeln zerrissen und Sein Leib von Schmerzen gequält wurde, während die Dornen in Seine heilige Haut schnitten und jeder Atemzug Ihn schmerzte, blickte Er voller Liebe auf die Menschen, obwohl die Menschen von damals und heute Sein Leiden verursachten. Er schaute auf sie und weinte Tränen der Liebe um jede Seele, die in der Dunkelheit verloren gehen würde, weil sie Seine Liebe ablehnte. Und Er weinte Tränen der Freude über jede Seele, die durch Seine sich opfernde Liebe gerettet wurde, weil sie

Ihn in Liebe annahm. Am Kreuz zeigte Jesus all denen, die mit offenem Herzen auf Ihn schauten: „*Ich Bin* die Liebe und *Ich Bin* für euch und wegen euch hier."

Als Er dann in die Dunkelheit des Grabes gelegt wurde, nahm Jesus all unsere Sünden mit sich, damit wir unsere Sünden mit Ihm begraben und zum Licht Seiner Liebe gelangen konnten, als Er von den Toten auferstand. Der Tod konnte Ihn nicht fassen. Die Hölle konnte Ihn weder festhalten noch überwinden. Stattdessen erhellte Er die Dunkelheit, besiegte Er den Tod, brach Er die Macht der Hölle und alles Bösen. Er sagte zu den Menschen: ‚Findet den Sieg in Mir, lasst eure Sünden zurück in der Dunkelheit, wo sie hingehören, und lasst euch von Meinem auferstehenden Licht zu einem neuen Leben in Mir erheben!'

Lasst uns an diesem Osterfest in Christus, unserem Herrn, auferstehen und in Seiner göttlichen Liebe erstrahlen! Danken wir Gott für die größte Liebe, welche die Menschen jemals gesehen haben und sehen werden: Seinen Sohn Jesus. Bringen wir unseren auferstandenen Herrn zu allen hin, damit auch andere Seine Liebe durch uns finden mögen und auferstehen zur ewigen Herrlichkeit in Seiner Liebe.

Jesus zeigte uns, wie wir unsere Herzen in Liebe öffnen können. Haben wir keine Angst davor! Zeigen wir, dass wir unseren leidenden und auferstandenen Herrn Jesus wirklich umarmen, indem wir unsere Herzen in Liebe für alle öffnen, ungeachtet dessen, welches Leiden dies uns bringen mag. Die Heiligkeit dieses Osterfestes erfülle euch alle!

Er ist mit uns

8. Juni 2013
Obwohl die Kirche mit vielen Prüfungen und Drangsalen konfrontiert wird, bleibt sie doch immer ein Bollwerk der Liebe Gottes und wird nie von der Welt überwältigt werden. Die Welt mag die Kirche bestürmen mit allen ihr zu Gebote stehenden Mitteln, doch die eine, heilige, katholische und apostolische Kirche wird nie überwältigt werden.

Gott wohnt in Seiner Kirche, und alle Macht der Welt kann sich nicht mit der Macht der Liebe Gottes messen. Wir, die Glieder der Kirche und die neuen Jünger Christi dürfen als Apostel Seiner Liebe nie daran zweifeln. Wir sollten immer feststehen angesichts jeglicher Angriffe auf den Leib Christi – die Katholische Kirche –, von der wir ein Teil sind. Wir müssen feststehen, wozu Christus, unser Herr, uns aufruft – fest in der Wahrheit, sanft in der Liebe und voller Vergebung gegenüber allen.

Selbst wenn es scheint, dass alle gegen uns sind: Denkt daran, dass Gott mit uns ist und jeden von uns ermutigt, wirklich Seine Nachfolger zu sein. Denkt auch daran, dass die Welt sich Ihm widersetzt hat; viele lehnten Ihn ab, viele sind und waren gegen Ihn. Der Herr ist bei uns in unserem Ringen, Er hilft uns, unsere Kreuze zu tragen und gibt uns die Gnade, die Fähigkeiten und die Kraft, die wir brauchen, um das zu tun, was Er von uns erbittet.

Unser Herr Jesus lässt uns nicht allein. Er ist mit uns und Er sendet uns Seinen göttlichen Geist, uns zu segnen und uns mit dem Frieden des Herzens und der Seele zu erfüllen, den wir brauchen.

Gott ist mit uns, wer kann uns dann überwinden? Gott ist in unseren Herzen, wer kann sie dann brechen? Gott erfüllt unseren Geist mit Seinem Geist, wer also kann uns besiegen?

Die Wahrheit ist klar, und wir sollten gemäß dieser Wahrheit leben: Wir sind Gottes Gefäße der Gnade, durch die Er der Welt Seine Liebe zeigen möchte und auf die Er Seinen Heiligen Geist herabsendet, damit wir allen Seine Liebe zeigen können.

Lasst nicht zu, dass die Welt euch niederdrückt! Verbergt euren Glauben nicht! Verleugnet nicht euren Herrn! Erhebt eure Häupter in Liebe, öffnet eure Herzen in Liebe und lasst euren Geist hoch empor fliegen in der Liebe Gottes. Er ist mit uns, und wir müssen mit Ihm sein.

Bücher von Alan Ames

Gott Vater spricht
Worte des Rates, der Liebe, des Trostes, die der Vater Alan jeden Tag gibt – zu spirituellen wie weltlichen Fragen. *224 Seiten*

Worte Mariens
Tägliche Weisung der Gottesmutter für ein Leben mit Gott und den Menschen. Ein Buch zum täglichen Aufschlagen. *240 Seiten*

Manna vom Himmel
Worte für jeden Tag, um die Eucharistie neu zu entdecken und lieben zu lernen. So haben Sie die Eucharistie noch nie gesehen! *128 Seiten*

Der Weg der Hoffnung
Worte über Himmel, Fegefeuer, Hölle. Meditationen über die Eucharistie, das Gebet, Gleichnisse. *144 Seiten*

Botschaften an Alan Ames
Der Glaube, die Sakramente usw. erklärt von Gott. Auch aktuelle Themen werden aus der Sicht Gottes erläutert. *272 Seiten*

Leben aus Gnade
Wer wissen will, was man tun kann, um Heilung, Liebe und ein neues Leben zu finden, bekommt mit diesem Buch eine spannende, lebensnahe Anleitung in die Hände. *224 Seiten*

Jesus ist Liebe
Über die Jahre hinweg begleitete Jesus Alan im Alltag. Seine Worte, geordnet nach Themen, setzen Impulse und zeigen Gottes Sicht der Dinge, z. B. über Frieden, Ärzte, Sünde, Familie, Engel, Kirche, Priester … *224 Seiten*

Geschichten der Liebe
Über 60 Kurzgeschichten: Visionen und wahre Erlebnisse mit Gott im Alltag, aus Vergangenheit, Gegenwart und Zukunft! *208 Seiten*

Was ist Wahrheit
Stellungnahme zu brisanten Themen: Krieg, Kirchenskandale, Antichrist, Endzeit, andere Religionen, Toleranz, Fegefeuer usw. *128 Seiten*